Stephan Boden

# 100 TIPPS FÜR SEGLER

Hacks,Tipps, Tricks, Ausrüstung, Manöver -
und die Geschichten dazu

<SEGELAUTOREN org>

**IMPRESSUM**

Titel: 100 Tipps für Segler.
Autor: Stephan Boden
Auflage 1, März 2021
ISBN 9798711449638

Druck: Amazon, Kdp
Bildmaterial: Stephan Boden
Cover-Hintergrundbild: Pixabay

Anschrift:
Stephan Boden
Wilhelmsdorfer Str. 71
14776 Brandenburg an der Havel

# Vorneweg.

Als ich im Jahr 2000 mit dem Segelvirus infiziert wurde und das sichere und entspannte Führen von Jollen, Booten und Yachten selbst lernen wollte, habe ich mich verrückt gemacht. Falsch - ich habe mich verrückt machen lassen. Damals las ich in Online-Foren, stellte Fragen und bekam zahlreiche Antworten von erfahrenen (oder vermeintlich erfahrenen) Skippern. Mein Fazit, nachdem ich etliche Stunden und Tage, ja Wochen damit verbrachte, mein Wissen zu erweitern war ernüchternd. In einem kurzen Satz zusammengefasst: Eigentlich ist segeln unmöglich und wir alle werden sofort an Bord sterben.

Zum Glück aber brauchte ich dieses Wissen überhaupt nicht online abzurufen. Zugegeben war mein Einstieg ziemlich verrückt, denn das Boot, auf dem ich zum ersten Mal zu einem Segeltörn auf der Ostsee eingeladen wurde, gehörte ein paar Monate später zur Hälfte mir. Eine Etap 28i. Zum Glück ist mein heute bester Freund und damals schon recht erfahrener Miteigner Jochen ein sehr, sehr, sehr entspannter Zeitgenosse und er brachte mir mit Ruhe und Geduld alles bei. Ich schreibe diese Geschichte fast in allen meinen Büchern vorneweg, aber sie ist auch immer recht wichtig: Ein Jahr später zogen wir los und segelten zusammen in mehreren Sommern auf der Ostsee fast alle Häfen in Dänemark, Schweden und Deutschland ab. Wir hatten - damals drehte ich noch Filme - den Auftrag eines Verlages, Hafenführer auf DVD zu produzieren. (Heute kostenlos auf segel-filme.de) Und so sammelte ich bereits zu Beginn meiner Segelkarriere einige tausend Seemeilen mit diesem Skipper, der nie aus der Ruhe zu bringen ist. Zuhause in Hamburg kaufte ich mir eine kleine Conger-Jolle und segelte allein alle gelernten Manöver nach. So eignete ich mir auch gleich das Einhandsegeln an.

Einige Jahre später dann kaufte ich mir eine kleine Varianta 18 ("Digger Hamburg") und segelte mit dem 5,75 Meter kurzen Boot drei Jahre lang immer so vier bis fünf Monate auf der Ostsee herum, meistens alleine. Vor allem in dieser Zeit habe ich mich sehr viel mit der Optimierung der Ausrüstung beschäftigt, weil solch ein Boot auf der Ostsee bei viel Wind - vor allem Welle - nicht ohne ist. Daher war es mir wichtig, dass ich das Boot allein ohne Stress stets gut bedienen, manövrieren und beherrschen kann.
Nach dieser Zeit habe ich einige Jahre lang bei der Entwicklung eines neuen Kleinkreuzers mitgearbeitet und bin ziemlich tief ins Thema Bootsbau, Ideenfindung und Zubehör eingestiegen. Bei der Entwicklungsphase half uns die Hochschule Hannover in einem Semester Produktdesign, neue Wege zu gehen und zu finden. Zwar wurden diese Ideen nur sehr sparsam umgesetzt, aber ich habe vieles davon im Kopf behalten.
Warum ich das schreibe: Nun, jemandem der bis heute keinen Sportbootführerschein besitzt und solch ein Buch schreibt, muss der Leser ja in irgendeiner Form vertrauen. Der Leser könnte sich ja fragen, woher dieser Kerl überhaupt die Kompetenz hat, ein solches Buch zu schreiben.
Ich habe immer darauf geachtet, weit über den Tellerrand zu sehen. Die Bootsbranche ist sehr traditionell und häufig sehr unbeweglich. Als ich zum Beispiel schon drei Jahre mit modernen Halterungen für mein Bord-Tablet herumprobierte, gab es im Yachthandel nur eine Halterung - aus Teakholz zum anschrauben. Und nur in einer Größe. Und ein großes Yacht-Magazin schrieb damals noch über die Navigation mit Tablet oder Handy, "es sei nur für die Törnplanung, nicht aber für die Navigation geeignet". Da hatte ich meinen Garmin GPS-Handplotter schon längst entsorgt und einige tausend Meilen mit Tablet hinter mir.
Was ich eigentlich sagen will: Segeln ist sehr einfach. Oft macht es das Drumherum sehr kompliziert. Und oft machen es sich die Segler selbst schwer. In diesem Buch habe ich meine besten Tipps aufgelistet, um das Segeln so entspannt wie möglich zu machen.

Nicht jeder Tipp und Trick und nicht jede Produktempfehlung wird für jeden Segler sicher absolut neu sein. Ich bin aber sicher, dass für jeden etwas dabei ist. Sollte es dennoch mal Fragen geben, dann schreiben Sie mir einfach eine eMail an: mail@bodensbuecher.com

Und nochwas: Bei der Struktur dieses Buches bin ich absichtlich so vorgegangen, wie das Seglerleben ist: Abwechslungsreich. Es ist ja nicht so, dass wir nur im Winter an den Booten arbeiten, sondern durchaus auch mal auf einem Törn und auch dort Zubehör kaufen. Segeln bedeutet, sich dauerhaft und ständig mit verschiedenen Themen herumschlagen, oder? Außerdem ist das hier kein Almanach, sondern eine Auflistung verschiedener Dinge, egal ob es ums Segeln geht, um kühle Getränke, um Reviere oder um Tipps fürs Refit. Also habe ich alles bunt gemixt.

Viel Freude damit,

Stephan Boden

**GEHT LOS!**

## 1. Ordnung ist das ganze Seglerleben

Ich fange mal seicht, aber wichtig an: Ein Steißbein kann echt Ärger machen. Und zwar wenn man drauf gefallen und es sich geprellt hat. So geschehen in Faaborg, als ich morgens ablegen wollte. Bei recht starkem Seitenwind löste ich die Vorleinen und sprintete (bitte Tipp zwei beachten!) zum Heckkorb, damit ich die Achterleinen greifen und das Boot aus der Box ziehen konnte. Wenn dieses Kapokkissen dort nicht gelegen hätte, wäre dieses Ablegemanöver sicherlich gut gegangen. So aber rutschte ich drauf aus und knallte mit eben jenem besagten Steißbein auf die Winsch. Den Rest des Segelurlaubes hätte ich gut und gerne einen Rollator gebrauchen können. Seit diesem Tag liegt bei mir an Deck und im Cockpit nichts mehr rum. Alles ist verstaut oder liegt dort, wo es nicht im Weg liegen kann. Seitdem ist es mir übrigens auch nie mehr passiert, dass sich eine Leine an irgendeinem Gegenstand vertüdelt oder man aus Versehen ein Fernglas über Bord schubst.
Ich kann nicht behaupten, der ordentlichste Mensch der Welt zu sein - außer, wenn ich auf einem Segelboot unterwegs bin.
Als ich noch meinen weißen kleinen Hund Polly besaß, habe ich auch sie vor jedem Manöver erst einmal unter Deck geworfen (ja, man konnte sie werfen), weil ein weißes Teil an einer Leine aussieht wie ein Fender und das hätte ich mir beim hektischen Auswerfen nicht verziehen..... Also: Cockpit immer frei von Zeug machen.

## 2. Mach mal langsam

Segeln ist langsam. Außer, man fährt mit einer IMOCA 60 auf Foils um die Welt, aber dann werden Sie sich kaum dieses Buch kaufen. Und falls doch, halten Sie es bei der nächsten Vendée Globe bitte in die Kamera.

Wir alle sind aber mit Geschwindigkeiten unterwegs, die im Topspeed etwa der Geschwindigkeit eines alten Hollandrads an einer leichten Steigung entspricht. Ich bin auf einer Tour über die Staande Mastroute in Holland ein paar Mal von Hollandrädern überholt worden. Und da lief meine Maschine noch mit! Segeln wir mit fünf oder sechs Knoten, dann reden wir von "Rauschefahrt". Das ist dann etwa so schnell wie ein eScooter. Sie würden niemals auf die Idee kommen, mit solch einem elektrischen Tretroller von Schleswig nach Schleimünde zu fahren. Mit dem Boot machen Sie das. Warum? Weil Sie Zeit haben. Und deshalb nehmen Sie sich diese Zeit auch bei Manövern. Übrigens auch, wenn Sie auf einer Regatta fahren. Die meisten Regatten werden verloren, weil ein Manöver in der Hektik schief geht. Besser ohne Hektik, ruhig und überlegt ohne Probleme die Wende fahren als einen Fehler zu machen und die Wende dann gleich nochmal fahren zu müssen.

Auch wenn mal die Fockschot irgendwo am Bugkorb festhängt: Gehen Sie besser zum Vorschiff und laufen Sie nicht. Es ist egal, ob Sie in zehn oder in zwanzig Sekunden bei der Schot sind. Wenn Sie am Strecktau hängen bleiben, dann dauert die ganze Nummer noch viel länger. Und es kann weh tun.

Wenn ich mir überlege, wie ich meine schlimmsten Fehler an Bord gemacht habe, waren immer zwei Dinge dabei: Hektik oder Unkonzentriertheit. Unkonzentriertheit passiert seltener, wenn man sich in Ruhe auf ein Manöver vorbereitet.

## 3. Pinnenarretierung statt Autopilot

Dieses Buch zu strukturieren, ist gar nicht so schwer. Ich könnte jetzt einfach mit Verhaltensweisen weitermachen, aber dann kommen Sie eventuell in der Fülle solcher Tipps auf die Idee, ich sei ein Besserwisser. Deshalb ist der nächste Tipp eher was von der Sorte: einfach ist manchmal besser.
Wenn Sie ein Steuerrad haben, gehen Sie einfach zum nächsten Punkt. Haben Sie eine Pinne, hab ich was für Sie. Da wir nun ja klären konnten, dass Sie eine Pinne haben, besitzen Sie sicherlich einen Autopiloten, solch ein Schiebeteil, was man erst mühsam anschließen und dann einstellen muss. Manchmal kommt es auf See ja vor, dass man schnell mal die Pinne auf Geradeausfahrt stellen muss. Ich komme zurück auf die verklemmte Fockschot. Ist man dann einhand unterwegs, dauert es ewig, bis man den Pinnenpiloten aus der Backskiste hervorgekramt, ihn angeschlossen und eingestellt hat. Das sind im schlimmsten Fall Minuten, die vergehen. Manche geben einem den Tipp, die Pinne mit einem Gummistropp zu arretieren. Aber Gummi dehnt sich und so schwingt die Pinne dennoch immer hin und her. Außerdem dauert das Einstellen auch viel zu lange. Ich mach das anders, und zwar so:
Sicher haben sie eine Pinnenverlängerung, auch Ausleger genannt. Und sicher haben Sie dann auf der Pinne so eine Gabel, in welcher der Ausleger eingerastet wird, wenn man ihn nicht braucht. Genau diese Gabel (nennt sich: Pinnenausleger-Halterung) habe ich bei mir auf der seitlichen Süllkante angebracht, genau in Höhe des Gelenks des Auslegers. Diese Gabel habe ich innen mit rutschfestem Moosgummi-Klebepads ausgepolstert. Muss ich die Pinne also mal kurz arretieren, dann klicke ich den Ausleger einfach in diese Gabel und schiebe so lange, bis der gewünscht Steuerkurs erreicht ist. Dann kann die Pinne getrost losgelassen werden. Das hält so gut, dass ich damit unter Segeln meine Varianta damit statt mit

Pinnenpiloten, der ja auch Strom braucht, oft stundenlang gefahren bin. Im Zusammenspiel mit gut getrimmten Segeln klappt das hervorragend auch für längere Strecken und macht sogar Spaß.
Diese Idee stammt übrigens nicht von mir. Das war auf der Etap 28i serienmäßig so gebaut und auch mit dem größeren Schiffchen bin ich so ganze Strecken gefahren, auch unter Segeln. "Halt mal grad die Pinne" war damit hinfällig, wir haben uns - sogar auf der stark befahrenen Themse - immer so beholfen.
Übrigens hat das noch einen Zweitnutzen. Wenn nämlich im Hafen durch Schwell das Ruder gern mal schlägt, kann man die Pinne, wenn man zum Beispiel kein Achterstag zum festtüdeln hat, auch damit beruhigen.
Befestigt man diese Gabel etwa direkt neben der Stütze des Heckkorbs, ist sie auch nicht im Weg.

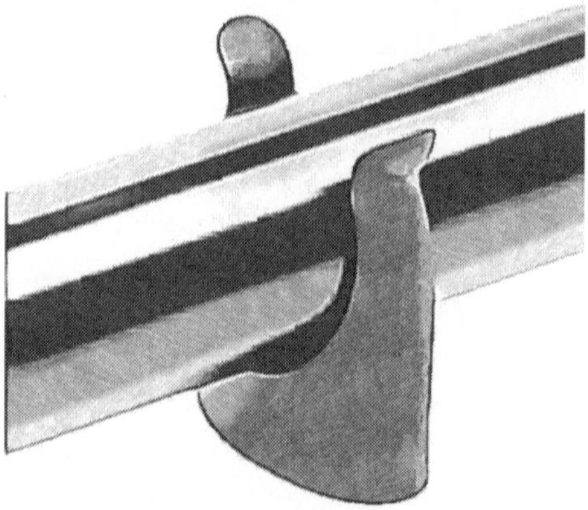

## 4. Splintschutz

Ich habe mich oft gefragt, wie es die Menschheit schafft, Roboter auf den Mars zu fliegen und von der Erde aus fern zu steucrn und gleichzeitig noch keine bessere Lösung als diese unsäglichen Splinte zur Sicherung von Bolzen gefunden hat. Die Antwort steht noch aus. Diese Splinte sind manchmal ein Grund, ganz mit dem Segeln aufzuhören - zum Beispiel beim Mast stellen im Dauerregen, wenn man die Wantenterminals sichern muss und diese Metallstifte mal wieder hoffnungslos verbogen sind. Aber es nützt nix - wir sind auf sie angewiesen.
Sind sie erst einmal im Bolzen und dann umgebogen, hört das Generve allerdings nicht auf. Mal schlitzen sie das Wadenbein der Skipperin auf, dann wieder ein Segel. Diese Dinger sind gemeingefährlich! Auch weil man sie überall an Bord findet.
Ich habe früher immer Gaffa Tape genommen, um die scharfen Splinte zu entwaffnen. Das hilft zwar, nervt aber dann vorm Auswintern erneut, wenn man das Tape schlecht abziehen kann, weil durch die UV Strahlung alles schön miteinander verschweißt ist. Und dann hat man immer diese Klebereste, die man nur mühsam mit Aceton (oder meinem Tipp später) entfernen kann. Keine Sorge - es gibt was viel besseres.
Ich hatte mal auf einer Messe Neoprenschuhe für die Wantenterminals gesehen, die genau dazu gedacht waren, den Splinten ihre Gefahr zu nehmen. Diese Teile waren sündhaft teuer. Außerdem für den Bugkorb zu dick.
Dann bestellte ich kürzlich bei Amazon für mein Büro einen Kabelschlauch, um die ganzen Kabel vom und zum Rechner zu verstauen. Und siehe da: sie sind aus Neopren und mit Klettverschluss. 4 Meter für 11,99 Euro. Ich habe direkt zwei davon nachbestellt und seither sind mir meine Splinte während der Saison völlig egal. Diese Neopren-Kabelschläuche gibt es in verschiedenen Stärken, Farben und Längen und man kann sie einfach mit der Schere zuschneiden.

## 5. Kabelschlauch, Teil 2

Die Neopren-Kabelschläuche kann man gleich nochmal nachbestellen, sofern man es leid ist, dass der Relingsdraht einem beim Anlehnen im Cockpit immer in den Pelz schneidet. Denn diese Kabelschläuche gibt es in mehreren Durchmessern. Um ein schickes Relingspolster zu basteln, kauft man also einfach eine Rohrisolierung im Baumarkt, schneidet sie auf die Länge zurecht und verkleidet die hässliche Schaumröhre dann mit dem hübschen Neopren-Kabelkanal. Diese Kanäle gibt es oft in 10 oder 13,5 cm, dazu findet man passende Isolierrohre. Durch den Klettverschluss lässt sich das ganze dann faltenfrei schließen. Sieht gut aus (diese Kanäle in schwarz sind echt hübsch, gibt es aber auch in weiß) und ich habe für drei Meter 15,90 bezahlt. Plus drei Euro für die Schlauchisolierung. So günstig und schick kommt man nirgendwo anders an Relingspolster.

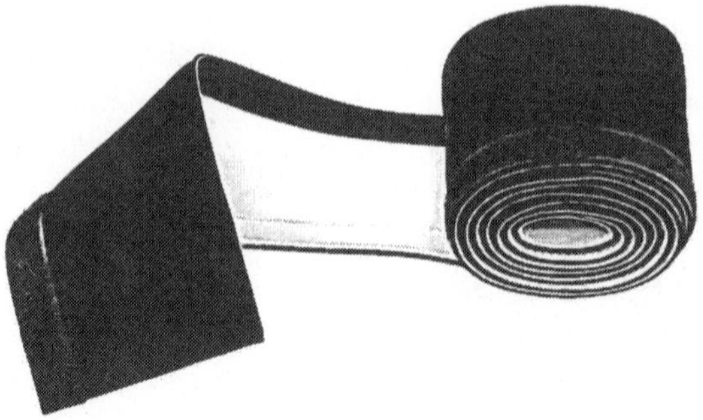

## 6. Nie mehr Wein im Cockpit

Okay, ich springe mal ein wenig in den Themen herum. Aber irgendwie ist das ja wie beim Segeln selbst: Tagsüber hat man an Bord zu tun, fährt Manöver, zieht an Leinen, legt ab und legt an. Dann endlich im Hafen angekommen ist es auch Zeit für einen Sundowner. Und wer kennt das nicht: Man sitzt gemeinsam in der Abendsonne im Cockpit am Tisch. "Schatz, hol doch mal die Erdnüsse von drinnen". Dumm nur, dass Schatz beim Aufstehen den halben Tisch mitreißt und - Pardauz! - fließt der Sundowner auf dem Cockpitboden. Das gleich passiert auch mal gerne, wenn man am Ankerplatz liegend den leckeren Cahors, in Dänemark für 23 Euro die Flasche gekauft, auf einmal Besuch in Form eines Vollgas fahrenden Motoreimers bekommt, samt Schwell und fliegender Gläser.

Das kann mir nicht mehr passieren: Ich hab Silwy an Bord. Silwy ist immer mit dabei. Und meine Frau Anja hat nichts dagegen, denn Silwy sind Gläser. Und zwar Gläser, die garantiert nie mehr umfallen. Der Clou: Die Böden der Kristallgläser sind mit einem magnetischen Metallplättchen versehen. Dazu gibt es pro Glas einen ebenfalls magnetischen, flexiblen Glasuntersetzer, an dessen Unterseite sich ein Zauber-Klebstoff befindet. Diese Klebefläche kann man beliebig oft lösen und wieder festkleben. Es hält immer. Also kann man Silwy im Cockpit, auf dem Vorschiff, unter Deck oder im Masttopp (wenn man das will) verwenden. Die Gläser fallen einfach nicht um und sehen echt hübsch aus.

Aber Obacht! Silwy ist aus echtem Kristall. Sollte Ihre Crew also groß sein, dann geht das ganz schön ins Geld.

Wenn ihnen Geld nicht egal ist, habe ich einen nächsten Tipp für Sie:

## 7. Bordkasse auf einfach

Wer hat wann eigentlich was bezahlt und wer muss noch an wen was zahlen? Solche Spielchen gibt es an Bord mit größeren Crews immer wieder. Manche Skipper basteln sich aufwendige Excel-Tabellen dafür. Es geht aber einfacher.

Die App "Splid" ist eigentlich für Wohngemeinschaften gedacht. Das tut der Sache aber keinen Abbruch, denn irgendwie ist so eine Crew ja auch eine WG auf dem Wasser. In der kostenlosen App, die es für Android und Apple gibt, kann man jedes Crewmitglied eingeben und jede Zahlung erfassen. Ist dann der Urlaub zu Ende, wirft die App aus, wer noch Nachzahlen muss, wer was zurückbekommt oder wer wem noch was auszugleichen hat.

| Titel | Betrag | Von | Datum | Erstellt am | Crewmitglied 1 | | Crewmitglied 2 | | Skipper | |
|---|---|---|---|---|---|---|---|---|---|---|
| Diesel | 75,83 € | Skipper | - | 30.12.20 | | -25,28 | | -25,28 | 75,83 | -25,28 |
| Zahlung | 150,00 € | Crewmitglied 1 | - | 30.12.20 | 150,00 | | | | | -150,00 |
| Zahlung | 150,00 € | Crewmitglied 2 | - | 30.12.20 | | | 150,00 | | | -150,00 |
| Lebensmittel Vorrat | 123,45 € | Crewmitglied 2 | - | 30.12.20 | | -41,15 | 123,45 | -41,15 | | -41,15 |
| Liegegeld Marstal | 45,00 € | Skipper | - | 30.12.20 | | -15,00 | | -15,00 | 45,00 | -15,00 |
| | | | | | 68,57 € | | 192,02 € | | -260,60 € | |

Ausgleichszahlungen

| | | | |
|---|---|---|---|
| Skipper | schuldet | Crewmitglied 1 | 68,57 € |
| Skipper | schuldet | Crewmitglied 2 | 192,02 € |

## 8. Nie mehr Wein im Cockpit, die billige Variante

Es gibt noch einen anderen, weitaus günstigeren Trick, Gläser und Becher gegen das Herunterfallen bei Schräglage oder Schwell zu sichern. Gaffa Tape. Manche nennen es auch Duct-Tape. Davon hat man ja immer in paar Rollen auf dem Boot. Bevor Sie nun dieses Buch wutentbrannt an die Wand werfen und denken ich will Sie veräppeln, in dem ich Ihnen rate, die Gläser mit Tape anzukleben. Halt - warten Sie! Sie brauchen nur die Rollen, denn in diese Rollen lassen sich vortrefflich Gläser stellen. Taperolle auf den Tisch, Glas rein - da rutscht nix mehr.

Und welcher Segler hat nicht mindestens zehn Rollen Tape an Bord?

## 9. Nie wieder klappern, Teil 1

Eines der typischen Geräusche in Häfen ist ein lautes "Rumms". Nein - damit meine ich nicht, wenn Sie beim Anlegen mal wieder den Steg oder das Nachbarboot in Schutt und Asche gefahren haben, sondern wenn der Backskistendeckel mal wieder zufällt und es laut rummst. Kennt jeder - der Tau macht die Dinger rutschig oder die Hände sind feucht, was den gleichen Effekt hat - und schon fallen sie zu.

Auf meiner Etap waren an der Kante der Backskisten Gummidichtungen angebracht, ähnlich der Türdichtungen, die man noch von älteren Autos kennt. Solche hohlen Gummidichtungen werden nach einer Weile jedoch leider platt wie ein Reifen ohne Luft, und das hat halt das Klappern und auch teilweise Undichtigkeiten zur Folge.

Hat man solche Dichtungen, gibt es eine gute Abhilfe: Stromkabel. Einfach ein handelsübliches Stromkabel etwa in der Stärke des Hohlraumes besorgen. Das Kabel mit etwas Spüli einreiben und dann in das platte Gummi schieben. Dann die Enden abknipsen und schon steht das Gummi wieder wie eine Eins!

Und damit diese Gummis nicht auch noch reißen, kann man entweder aus dem Automobilhandel entsprechende Pflegemittel kaufen oder sich einen Gummipflegestift selbst machen. Dazu sammeln Sie einfach alte Lippenpflegestifte, nehmen 50 ml Liter Pflanzenöl und 25 g Bienenwachs. Das Ganze zusammen erwärmen, bis das Bienenwachs flüssig ist. Dann das Gemisch in die alten Lippenstifte schütten und warten, bis es kalt ist. Dann haben Sie einen echt guten Gummipflegestift.

## 10. Nie wieder klappern, Teil 2

So, nun haben Sie diese Gummidichtungen gar nicht unter ihren Backkistendeckeln und die vorherige Seite völlig umsonst gelesen, was? Egal - für den Rest habe ich einen anderen Tipp:

Meine Varianta hatte solche Gummis auch nicht, erst recht nicht mein 20er Jollenkreuzer, dessen Backskisten aus Holz sind und die immer fürchterlich laut sind, wenn sie zufallen. Auf die Lösung bin ich per Zufall gekommen, nachdem unser Sohn geboren wurde. Da wir in einem Altbau wohnen, fiel immer sehr viel Licht (und Schall) aus der Küche in sein angrenzendes Kinderzimmer. Die Türen sind alt und verzogen. Ich habe lange überlegt, wie ich das ändern kann und nach ein paar Versuchen landete ich schließlich bei selbstklebenden Fensterdichtungen. Viele kennen das von früher noch als "Tesamoll". Ich habe aber kein Tesamoll genommen, sondern Schaumstoff-Dichtungsband mit selbstklebender Unterseite. Nachdem ich die Tür damit umklebt hatte, fiel mir auf, dass sie nun auch sehr leise schloss - und da fiel es mir wie Schuppen von den Augen. Seitdem sind nun auch die Kanten der Backskisten damit beklebt (hält ewig) und nun macht das Schließen der schweren Klapperteile richtig Spaß. Hört sich an wie die Tür einer Mercedes S-Klasse.
Das Zeug ist echt gut und kostet wenig. Ich habe für einen fünf Meter langen Streifen in 6 x 3 mm nur 9,50 Euro dafür bezahlt.
Falls die Kanten der Backskisten zu scharfkantig sind, um sie vollends zu bekleben, kann man - so habe ich das auf der Varianta gemacht - auch Filzfüße nehmen, die man normalerweise unter Möbel klebt. Das war zwar von Ergebnis nicht so butterweich wie die Klebestreifen, brachte aber doch ne ganze Menge. Diese Füße sind sehr günstig. Fallen sie also mal, einfach neue nehmen. Ich hatte sie mit einem Tropfen Epoxy anlaminiert. Das hielt lange.

## 11. Patenthalsen vermeiden

Mal wieder was zum Thema Manöver. Halsen ist ja immer so eine Sache. Den Punkt zu vermeiden, wann der Baum rüberkommt, erfordert viel Feingefühl oder eine sehr gute Nackenmuskulatur, weil man immer hoch zum Verklicker schaut. Auch das geht einfacher und diesen Trick habe ich durch Zufall gefunden.
In den Häfen bekommt man ja meistens so hässliche Aufkleber für den Bugkorb. (Siehe nächsten Tipp, Nr. 10). In Schleimünde war ich bei meinem ersten Besuch überrascht: dort gab es ein von der Frau des Hafenmeisters selbstgehäkeltes Wollbändchen. Da ich Schleimünde sehr gern mag, war ich dann auch sehr häufig dort und irgendwann habe ich eines der Bändsel einfach hinten an den Heckkorb gebändselt, weil ich mit dem Heck zum Steg anlegte. Am nächsten morgen fuhr ich auf Vorwindkurs nach Marstal und irgendwann fiel mir auf, dass dieses Wollfädchen ein echt guter Verklicker am Heck ist.
Nun binde ich mir einfach jedes Frühjahr ein Wollbändsel auf jede Seite seitlich an den Heckkorb, denn so muss man sich nicht verrenken und hat die achterliche Windrichtung immer im Blick, wenn man knapp an der Kante fährt oder halsen will. Man findet dann ziemlich schnell den kritischen Punkt des Windeinfallwinkels heraus.
Statt Wollbändseln kann man natürlich auch farbige Folienstreifen nehmen.
In jedem Fall hilft das Visuelle zusätzlich zum Gespür.

## 12. Segelmanöver generell

Ich bin kein Freund von Büchern, in denen steht, wie ich mein Boot segle, wie ich anlege und wie ich es manövriere. Alle, wirklich alle Boote sind grundverschieden. Doppelruder, Einzelruder, Welle, Saildrive, flacher Jollenrumpf, Langkieler, Radeffekt, Außenborder, Innenborder, Ketch, Sloop, Mittelklampen, nur eine Bugklampe, breit, schmal, lang, kurz, Winschen, Klemmen, Flachkiel, Tiefkiel, Traveller, kein Traveller, Dirk, Kicker, Selbstwendefock, Genua, Code-Zero, Spi, leicht, schwer, kurzer Baum, langer Baum, Pinne, Rad, Crew, Einhand - ich könnte noch zwei Seiten weiter schreiben.
Wir alle haben sicherlich schon Bücher gelesen, in denen Manöver haarklein beschrieben werden. Und hinterher festgestellt, dass wir es selbst ganz anders machen, ja - anders machen müssen, weil unsere Boote völlig anders funktionieren. Eine Wende auf der Etap ist völlig anders als auf dem Jollenkreuzer. Die Varianta hatte nicht einmal eine Winsch. Irgendwann hatte ich das große Glück, mal mit der ehemaligen Illbruck eine Nachtüberführung von Warnemünde nach Olpenitz zu segeln. Und irgendwann in der Nacht gab man mir das Steuerrad in die Hand. Ich habe 20 Minuten gebraucht, um hoch am Wind mit dem Eimer geradeaus fahren zu können. Hinter mir saß noch jemand halb schlafend, alle anderen waren in der Koje. So fuhr ich diesen Volvo-Ocean-Racer völlig allein über den Kiel-Ostsee-Weg in stockfinsterer Nacht. Und das war gut! Weil ich irgendwann den Druckpunkt am Steuerrad herausfand, der mir den richtigen Kurs zum Wind verriet und mir sagte: So ist das gut, so machste Speed und so fährt das Schiff wie auf Schienen. Kurzum: Mir hat niemand gesagt, wie ich dieses Boot steuern muss. Ich fand es nach einer Weile selbst heraus.
Eine zeitlang habe ich Probesegeln begleitet. Ich war an Bord, empfing Gäste, die ein neues Boot ausprobieren wollten. Ich fuhr die Karre zunächst in Kappeln aus dem Hafen, weil dort immer

Strömung herrscht. Dann habe ich Schoten und Pinne übergeben, mich in den Niedergang gehockt und gesagt: "So, bitte."
Zum Teil war das, was danach passierte, sehr putzig. Ich meine das gar nicht despektierlich. Ich finde das normal. Die Leute wussten zum Teil erst mal gar nicht, was sie machen sollen, obwohl sie schon viele Tausend Meilen auf dem Buckel hatte. Meine Hauptaufgabe bestand immer darin, den Gästen zu erklären, wie man dieses Boot segelt. Und zwar dieses Boot.
Ein anderes Mal war ich zu Gast an Bord für eine Regatta auf der Ostsee. Ein 30 Fuß Schiff, richtiger Fahrteneimer, aber mit durchaus Potenzial. An diesem Leichtwindtag dachten Vorschoter und Skipper, es sei eine gute Idee, auf dem Weg zum Regattabereich (etwa 5 Seemeilen entfernt), jeder drei Dosen Jack-Daniels-Cola zu vertilgen. Anders gesagt: Die beiden waren voll wie 'ne Wanne, bevor es überhaupt los ging. Zum Glück trinke ich nie, wenn ich auf See bin (erst im Hafen), war daher noch bei Verstand und nüchtern. Und ein Kumpel, der auch mit an Bord war, hatte meinen nüchternen Zustand. Er trank auch nichts. Also haben wir die beiden unter Deck geschickt, weil sie nicht mehr wussten, was sie taten und dann das Boot übernommen. Es war glücklicherweise ein Leichtwindtag. Bevor wir überhaupt daran dachten, uns an der Startlinie aufzuhalten, sind wir erst mal ein Stück weit weg gefahren und haben Manöver geübt. Wir beiden wussten, wie man Wenden fährt, Halsen macht, Gennaker setzt und trimmt. Aber - es war auf diesem Boot halt völlig anders. Ich kam gerade von einer viermonatigen Tour auf der Varianta 18, der Kumpel von einem Segelurlaub auf seinem behäbigen Langkieler. So übten und übten wir. Schließlich landeten wir irgendwo im Mittelfeld, nachdem wir den Start völlig vergeigt hatten, dann aber nach und nach recht gut Boote überholten, weil es dann immer besser klappte.

So - langer Vorlauf für etwas, was ich jedem immer ans Herz legen will. Manöver zu fahren lernt man am besten, in dem man sie immer und immer wieder übt. Ich habe bisher jedes neue Boot immer bei

leichtem Wind ausprobiert. Und zwar nicht ein paar Mal Wenden üben, sondern die Wende jedesmal mit anderen Abläufen ausprobieren. Wann genau werfe ich die Fockschot los? Wann wechsle ich die Seite? Wie weit muss ich die Pinne drücken? Habe ich dann das Gefühl, die optimalen Abläufe und Zeitpunkte zu kennen, übe ich das nach dem Muster immer und immer wieder.
Wenn das sitzt, mache ich das an einem anderen Tag nochmal. Und zwar dann, wenn ich mehr Wind habe. Da verändert sich nämlich Vieles.

Das Gleiche hat man beim An-und Ablegen. Ich habe den Eindruck, dass häufig gerade diese Manöverkategorie die ist, die den Leuten das meiste Kopfzerbrechen bereitet. Und auch da gilt: Bei wenig Wind, leerem Hafen und schönem Wetter probieren. Immer und immer wieder dabei die Techniken verändern. Nichts geht über Training. Es bringt mir nichts, wenn ich in einem Lehrbuch immer das Wort "Mittelklampe" lese, ich aber keine habe. Nichts geht darüber, sein Boot wirklich in- und auswendig zu kennen. Und immer zu wissen, was es wann macht. Wenn man das weiß, ist immer alles gut. Und sollte es mal nicht gut laufen, dann gibt es ein Wort, was Ärger spart: "Isshaltso."

Ich hatte mal das Glück, auf dem High-Speed-Katamaran "L'Hydropère" in der Kieler Förde bei einem Pressetag mit"segeln" zu dürfen. An dem Tag war echt gut Wind und im Top-Speed hatten wir 48-49 Knoten. Ich hing mit meiner Kamera in der Hand auf dem Netz zwischen Rumpf und Steuerbord-Hull und beobachtete die Crew. Ich hatte überhaupt keinen blassen Schimmer, was die da machen. Ständig rief jemand was, alle rannten rum, kurbelten an den Grindern herum. Vor allem wusste ich überhaupt nicht mehr, aus welcher Richtung der wahre Wind kam, weil diese Karre immer schneller fährt als der Wind, sprich: der Wind kommt immer von vorn.

Später habe ich kurz mit einem aus der Crew reden können. Der sagte im Prinzip das Gleiche, was ich sage: Die haben geübt bis zum Geht-nicht-mehr. “Wir wussten anfangs überhaupt nicht, wie sich das Boot verhält. Das mussten wir erst in unzähligen Trainings rausfinden.” Übrigens, mit einem ziemlich spektakulären, gefährlichen Frontal-Überschlag beim Weltrekordversuch bei über 50 Knoten.

Was ist nun mein Tipp: Keine Tipps 1:1 nachsegeln. Selbst rausfinden. Routine bekommen. Besser werden. Oder - falls Sie eh schon perfekt sind - so bleiben.
Mir ist auch mal aufgefallen, dass man nie in den Häfen jemanden sieht, der die allseits bekannten Tipps zum Anlegen in den Häfen nachmacht. Wer hantiert schon mit 3 Leinen gleichzeitig herum? Sehr oft sind diese Tipps in der Praxis schlichtweg zu unpraktikabel. Auch, weil weder Boote noch Häfen gleich sind.

Also, deshalb so früh in diesem Buch: Es wird hier keine Anleitungen für Segelmanöver geben. Hier und dort mal den ein oder anderen Tipp, der dann auch auf (fast) allen Booten funktionieren sollte. Ich fang mal an:

## 13. Weiche Wende wie beim Skilaufen

Eine Wende ist das wohl einfachste Manöver unter Segeln. Mittlerweile brauchen viele ja dafür nicht einmal mehr die Vorschoten zu bedienen, weil Selbstwendeschienen ja bald zur Standardausstattung gehören.
Ich habe das Wenden einhand bis zum Erbrechen geübt, immer und immer wieder. Und weil man nur aus Fehlern lernt, habe ich immer sehr ehrlich analysiert, was gut und vor allem, was nicht gut war. Ist man allein an Bord, ist einem ein Fehler auch nicht peinlich. Es schaut ja niemand zu. Deshalb habe ich irgendwann in der Übungsphase auf der Schlei beim Wenden immer wieder alles ganz anders gemacht und dabei etwas festgestellt:
Oftmals drückt man in der Wende die Pinne ja weit rüber von sich und wechselt dann die Seite, wobei die Pinne dann oft noch weiter rüber gedrückt wird. Meiner Frau ist das in der Schule sogar im Militärton so beigebracht worden: "So! Schnell Pinne weit wegdrücken!" Das führt aber oft dazu, dass das Ruderblatt viel zu stark quer steht und das Boot dadurch in der Wende stark gebremst wird. Ich habe mal begonnen, die Pinne nur so wenig wie nötig rüber zu drücken und siehe da: man verliert viel weniger Fahrt.
Das kann man sie wie beim Skilaufen vorstellen. Fährt man einen Hang herunter und stellt sich beim Schwung immer sehr quer zur Fahrtrichtung, dann verliert man Fahrt, das ganze wird viel ruppiger und die Skier schrappen durch den Schnee. Man nennt das auch "Stemmbeuge". Elegant und schneller sind die kleine, weichen Schwünge. Im Prinzip ist das beim Wenden einer Yacht nicht anders. Nicht zickzackmäßig wenden, sondern schön weich wie ein S.

## 14. Leinenenden ohne Fransen

## 15. Leinenenden ohne Fransen

Hat man keinen Leinenschneider, der die Enden gleichzeitig verschweißt (die Dinger sind echt teuer), dann kennt man die ausgefransten Enden der Festmacher, Schoten und Fenderleinen sicherlich. Die meisten machen es so: Leine durchtrennen, dann ein Feuerzeug nehmen und das Ende schön weich erhitzen, dann mit den Fingern versuchen, dran herum zu drücken und schon tut es weh und sieht auch nicht gut aus. Auch wenn man diese Polyesterfäden dann mit dem verbrannten Finger zieht. Auch dafür gibt es zwei Lösungen, die mir bekannt sind.

> Mit einem Lötkolben (viel günstiger als ein Leinentrenner) und einem möglichst breiten Lötkopf lassen sich Leinen durchtrennen und gleichzeitig verschweissen.

Etwas mühsamer, aber mit tollem Ergebnis:

> Im Baumarkt Endhülsen für Kupferrohre kaufen. Die gibt es in allen möglichen Größen passend zur Leinenstärke. Diese dann mit einer Grillzange auf dem Gasherd, Herdplatte oder - da man ja eh ständig grillt - auf dem Grill erhitzen. Also nicht ein bisschen erhitzen, sondern so richtig. Dann die gekürzten Leinenenden reinpressen und warten. Den Pressvorgang sollte man übrigens nicht gerade auf dem GFK machen. Am besten auf einer feuerfesten Unterlage durchführen. Wenn alles erkaltet ist, lässt sich die Leine mit sehr sauber verschweißten Enden einfach abziehen. Sieht super aus.

## 16. Die Runnerleine

Dieser Tipp ist für Boxen gedacht, in denen Sorgleinen ausgebracht wurden. Das ist ja mittlerweile Standard in den Häfen.
Man sieht ja oft Menschen mit Bootshaken an Bord herumturnen. In meinem neuen Heimatrevier, dem Binnenrevier in Brandenburg, ist ein Bootshaken sogar Pflicht. Ich hasse diese Teile. Ginge es nach mir, gehören Bootshaken verboten. Warum, erklärt sehr schön die immer wieder gerufene Anweisung des Hafenmeisters in Pritzerbe, wenn sich ein Boot nähert und jemand mit Bootshaken auf dem Vorschiff steht: "Leg mal den Bootshaken weg - der wächst sich so schwer wieder raus.".
Mit einem Bootshaken eine Sorgleine zu greifen, hat gleich mehrere Probleme: Zum einen fördert es das Überbordgehen im Hafenbecken (selbst schon gesehen), zum anderen Löcher in benachbarten Booten (auch schon gesehen) und dann noch das Verletzungsrisiko.
Wenn ich alleine einparke, habe ich am Heck und Mittschiffs immer je eine Leine fertig liegen. Die brauche ich immer dann, wenn starker Seitenwind herrscht. Die Sache funktioniert ganz einfach. Zunächst fahre ich in die geeignete (siehe nächsten Tipp) Box, lasse Lee Lee sein und kümmere mich nur um Luv. Ich gehe dann mit dem Palstek der Achterleine etwas nach vorn, lege sie über den Heckdalben, lasse sie links liegen, gehe mittschiffs zur Runnerleine, lege sie um die Sorgleine, mache sie schnell wieder fest. Dann gehe ich nach achtern, kümmere mich dann entweder um die Achterleine oder - bei sehr starkem Seitenwind, lege die zweite Runnerleine achtern um die Sorgleine herum. Ab da habe ich sehr viel Zeit. Das Schiff hängt erst einmal stabil an der Sorgleine fest. Es lässt sich sogar sehr easy vor und zurück bewegen, quasi wie auf Schienen. Meistens belege ich dann die Lee-Achterleine sehr lose, ziehe das

Schiff dann nach vorn, belege die Vorleinen und mache dann hinten fest. Dann können auch die Runnerleinen losgebunden werden.
Das Ganze funktioniert übrigens auch mit Crew. Man positioniert einfach jemanden Mittschiffs, der eine Leine um die Sorgleine führt und sie dann einfach hält und das Boot so gegen Vertreiben in der Box sichert.
Und auch beim Ablegen geht das sehr gut. Das Crewmitglied, dass die Vorleinen löst, legt die Luv-Leine einfach um die Sorgleine herum und führt sie beim Ausparken aus der Hand und löst sie dann kurz vorm Erreichen des Heckdalbens. Aber drauf achten, dass man das kurze Ende loswirft. Sonst kann sich alles schön vertüdeln und dann hängt man da erstmal rum und wird zum Hafenkino-Hauptdarsteller. Merke: Leinen sind die besten Freunde und Tools beim einparken.

## 17. Box aussuchen

Über nahezu jedem Manöver, auch MOB, steht der Punkt zwei in diesem Buch: Alles immer mit Ruhe machen. Daraus ergibt sich auch dieser Punkt.

Beim Anlegen wird es immer dann problematisch, wenn Hektik aufkommt. Viele fahren schnurstracks in den Hafen, durch eine Boxengasse, sehen ein grünes Schild, biegen schnell in die Box ein und stellen dann fest, dass sie zu schmal ist, oder der Wind von hinten bläst und das Manöver schwierig macht. Dazu herrscht gerade auch noch starker Verkehr in der Gasse.
In meinem früheren Heimathafen, dem ASC in Kappeln an der Schlei, konnte man das immer sehr gut beobachten. Dort herrscht häufig sehr starke Strömung, die aber nicht wahrgenommen wird und dann rummst es beim Einparken.

Ich mache das mittlerweile ganz anders.

Zunächst wird das Boot natürlich im Vorhafen oder vorm Hafen klar zum Anlegen gemacht. Alle Leinen liegen parat, Fender sind bereit, das Cockpit ist aufgeräumt. Danach schaue ich immer, ob sich im Hafenbecken gerade viele Masten bewegen, also starker Verkehr herrscht. Ist dem so, fahre ich noch ein paar Kringel, bis sich die Lage beruhigt hat. In der Zwischenzeit macht es Sinn, sich die Windrichtung anzusehen, um bereits vor dem Einfahren in den Hafen zu wissen, auf welcher Seite es ideal ist. Dann fahre ich langsam (!) in die Boxengasse ein. Ich nehme niemals die erste freie Box, sondern fahre erst mal herum und schaue, ob es nicht noch bessere Liegeplätze gibt, die ich nach Windrichtung, Boxenlänge und -breite bewerte. Kenne ich den Hafen nicht, kommt es auch immer wieder vor, dass ich mich erst einmal längsseits an zwei

Heckdalben lege und mir die Situation ganz entspannt in Ruhe ansehe. Ich bin ja nicht auf der Flucht, wozu also Eile? An den Dalben sieht man, ob es eventuell Strömung im Becken gibt, dazu schaue ich mir die freien Boxen an. Gibt es Sorgleinen? Luvlieger? Wie breit ist die Box und reichen meine Palstek-Augen eigentlich für diese dicken Holzdalben? Wenn ich von dem sicheren Platz aus also eine Box ausgesucht habe, entwerfe ich mir dann je nach Wetter und Wind eine Strategie zum Einparken.
Manchmal weiß man schon vorher - vor allem, wenn man einhand unterwegs ist - dass es ein schwieriges Manöver werden wird. Dann schaue ich, ob ich irgend jemanden im Cockpit sitzen sehe und ihn fragen kann, zum Steg zu kommen und zu helfen. Es kommt nie vor, dass jemand nicht hilft. Man muss nur fragen.

Ich bin - das wissen Sie ja nun - kein Freund von Ratgebern, die einem detailliert erklären, wie man ein Boot einparkt. Jedes Boot ist auch im Hafen anders. Ich bin Boote gefahren, die bereits bei 1,5 Knoten Fahrt keinerlei Ruderwirkung mehr haben und man sie daher mit echt viel Speed an den Steg fahren muss. Das eine Boot reagiert sehr schnell auf leichte Pinnenbewegungen, die Etap reagiert hingegen eher schwerfällig. Mein Jollenkreuzer lässt sich noch bei 0,5 Knoten Fahrt exakt steuern. Das macht wirklich alles anders. Aber ich habe im Laufe der Jahre festgestellt: Nichts geht über eine gute Vorbereitung und schon gar nichts über die nötige Ruhe. Seit ich das so mache wie oben beschrieben, sind die allermeisten Anlegemanöver wirklich gelungen.

## 18. Überläufer vermeiden

Die Wende steht bevor, das Kommando ertönt, die Pinne wird weg gedrückt, das Boot dreht sich durch den Wind und plötztlich ruft der Vorschoter: "Scheiße!"

Überläufer auf Winschen nerven und können echt Stress machen.

Meistens liegt es an der Leinenführung, weil die Schot im falschen Winkel auf die Winsch trifft, "überläuft" sich die Leine und bekneift sich somit selbst. Mir ist das vor allem auf dem Jollenkreuzer häufiger passiert. Die schönen DDR-Winschen sind suboptimal platziert. Ich habe im Hafen mal ein wenig gewinscht und mir die Fockschot dabei angesehen. Sie kommt von zu weit unten hoch auf die Winsch, was die ständigen Überläufer produziert.

Die geschmeidigste Lösung sind Softschäkel. Ich habe mir je einen Dyneema-Softschäkel mit einem sogenannten "Low-Friction-Ring" (kann man googeln), an die Relingstützen vor der Winsch in der richtigen Höhe gebändselt. Damit lenke ich die Schot um und so ist der Winkel nun perfekt und ich kann ohne Probleme winschen. Diese Ringe sind wirklich toll, viel besser als Blöcke, sofern der Umlenkwinkel nicht zu hoch ist. Auf die Ringe komme ich später noch.
Wenn Sie das nicht selbst machen wollen - die Dinger gibts unter anderem von Antal. Sie heißen "Low-Friction-Ring with Loop".

## 19. Die ewige Frage nach Elektromotoren

Bereits 2013 habe ich mal mit der Varianta "Digger Hamburg" eine Saison statt mit einem Benzin-Außenborder mit einem Elektromotor herumgetestet.
Die Vorgeschichte dazu ist ganz lustig:
Die Jahre zuvor stand ich immer auf den Bühnen der Messen und erzählte von meinen Reisen. Auf der Boot und Fun in Berlin war entweder vor oder nach mir ein Experte der Firma Torqeedo und hielt einen Vortrag über E-Motoren. Ich hörte immer zu, sprach mit ihm später häufiger drüber, war interessiert an dem Thema. Ich habe - und das habe ich immer so gehalten - jedoch nie nach einem gesponserten Motor gefragt, auch wenn mein damaliger Blog eine extrem hohe Reichweite hatte und ich als so etwas wie der Top-Segel-Influencer galt. Aber ich habe noch nie nach Ausrüstung gebettelt und werde das auch nie mehr tun.
Irgendwann hatte ich dann einen eigenen Stand, auf dem meine Varianta ausgestellt wurde, weil "Digger" eine kleine Berühmtheit geworden war. Ich hatte immer Biertische und Freibier da und der Stand war stets sehr voll. Irgendwann trafen sich dort eine handvoll segelnde Blogger, setzten sich an den Tisch, tranken Bier und unterhielten sich.
Dann kam mich der besagte Mitarbeiter von Torqeedo besuchen und wir standen so zwei Meter vom Tisch etwas abseits und unterhielten uns bei einer Flasche Astra. Das Gespräch der Blogger indes wechselte zu einem heiklen Thema: Sponsoring. Es wurden Tipps ausgetauscht, wo man "Gummistiefel schnorren" und "Ölzeug ziehen" kann. Plötzlich sprach der Torqeedo-Mann, dessen Namen ich hier nicht verrate, aber der beim Lesen weiß, dass er gemeint ist, sonderbar laut, so dass es alle am Tisch hörten: "Weißte Digger, auf jeder Messe kommen immer so Segler, die einen Blog haben, den kaum jemand liest. Sie fragen mich immer, ob ich ihnen nicht einen E-Außenborder geben wolle, sie würden dann was Tolles drüber

schreiben. Und dann sehe ich Dich immer auf den Bühnen, die Ränge sind voll, Deinen Blog lesen zehntausende Segler, Du unterhältst Dich mit mir interessiert - aber Du fragst nie, ob Du einen Motor haben kannst. Weisste was - Dir gebe ich einen!" Die Runde wurde sehr, sehr still.
Wir verabredeten eine Leihgabe für eine Saison, dass ich das Teil - einen Travel 1000 - teste und dann darüber schreibe. Ich sagte ihm allerdings, dass "wenn das Teil nicht gut ist, ich das auch so schreiben werde. Damit musste leben oder es lassen." Er willigte ein und er fand eine ehrliche Berichterstattung perfekt. Er sah das wirklich so, was ich ziemlich beeindruckend fand.

Um es kurz zu machen: Mein Fazit war nach einem viermonatigen Test auf der Schlei und der Ostsee, dass ich auf Binnenrevieren nie mehr was anderes fahren würde, auch auf der Schlei nicht, auf der Ostsee der kleine Motor jedoch zu wenig Reichweitenreserve besitzt und dort ein Benziner besser ist. Wenn dir zwischen Kappeln und Marstal (etwa 25 Seemeilen) auf dem kleinen Belt der Wind ausgeht und Du auf den fünf Meilen auf der Schlei gegen die Strömung bereits unter Motor gefahren bist, dann wird die Sache heikel. Dann reicht der Akku nämlich nur noch, wenn man mit einem halben Knoten Fahrt weiter motort. Oder gar nicht mehr. Mittlerweile sind die Akkus zwar sehr viel besser, aber für solche Touren auf See würde ich in jedem Falle immer auf das größere Modell zurückgreifen und in jedem Fall einen Ersatzakku kaufen, auch wenn das etwas ins Geld geht. Oder gleich einen Benziner nehmen. Aber wer einmal mit E-Motoren gefahren ist, will nichts anderes mehr.

Ich bin in den Jahren danach immer mal wieder mit verschiedenen Elektromotoren von Torqeedo gefahren und habe sie getestet. Seitdem werde ich regelmäßig von Seglern gefragt, ob ich Elektromotoren empfehlen kann. Kurze Antwort: Ja. Mit Abstrichen. Für ein Dingi zum Beispiel sind diese Motoren das

Beste, was ich kenne. Sie sind leicht, daher schnell angebracht, ohne sich zu verheben. Dazu kann man sie in drei Teile zerlegen und in der Backskiste verstauen. Von der Kraft her, also dem Drehmoment, sind sie Benzinern überlegen. Dazu muss man nicht schalten, sondern die Richtung einfach mit dem Drehgriff der Gaspinne wählen - stufenlos. Ich liebe das!
Fährt man auf einem Binnensee herum, würde ich nie auf die Idee kommen, was anderes zu fahren.
Auf See verhält sich das anders. Da sollte man abwägen und sehr ehrlich sein. Wenn man Vollgas fährt, entladen sich die Akkus rasant schnell. Nun fährt man in der Regel zwar gemäßigt und energiesparend, aber manchmal kommt man halt in Situationen, wo man Gas geben muss. Ich hatte das mal in Mommark, als ich den Hafen bei recht starkem Wind aus nördlicher Richtung verließ. Dort muss man einem schmalen Tonnenstrich nach Norden folgen, ich schätze so eine Meile in etwa, bevor man dann freies Wasser erreicht. An diesem Morgen kam mir also Wind und Welle entgegen und ich fuhr also 20 Minuten Vollgas, bis ich genug Raum hatte, Segel zu setzen und nach Süden abzulaufen. Danach hatte der Akku noch so um die 60 %. Unterwegs nach Schleimünde knipste dann nach einer kurzen Segelphase jemand den Wind komplett aus. Da hatte ich bis Kappeln noch etwa 20 Seemeilen. Auf der Schlei hat man häufig mal Strömung also stellte ich die Motorfahrt so ein, dass ich eine Restreichweite von 30 Seemeilen hatte, um noch etwas Puffer zu haben. Und das bedeutete - wohlgemerkt mit der alten Akku-Generation - dass ich noch 1,5 Knoten Fahrt machen konnte. Ich konnte mir also ausrechnen, wann ich in Kappeln ankommen würde.
Der Situation endete für mich, damals Junggeselle, nahezu perfekt. Unterwegs überholte mich ein älterer Däne mit seinen beiden - ich gehe mal davon aus - Enkelinnen, zwei sehr hübsche Mädels so Mitte zwanzig. Ich fragte nach einem Schlepp und natürlich halfen sie mir. So saß ich ein paar Stunden entspannt im Cockpit und vor

mir zwei hübsche Däninnen in knappen Bikinis am Steuerrad. Das war Werbung für jeden Elektromotor!

Im Ernst: Hätte ich heute noch meine Varianta, würde ich mir den Travel 1000 mit Schubpropeller und zwei großen Akkus holen. Damit würde ich sehr gut klar kommen, auch auf langen Strecken. Meine frühere Etap umzurüsten, würde monetär eine sehr kapriziöse Angelegenheit werden. Dann wäre ein POD-Motor fällig, der 4.0 mit einer amtlichen Batteriebank. Allerdings sind diese Motoren mittlerweile auch nicht mehr soo viel teurer als ein neues Diesel. Aber: Meine Tour 2018 nach England, wo nachts der Wind auf der Nordsee verschwand, wir acht Stunden motorten und vor Ramsgate dann so viel Strömung kam, dass wir unter Volllast den Diesel eine Stunde lang quälen mussten - das wäre mit einem E-Pod nicht gegangen. Dafür reicht keine Batteriebank der Welt.

Ich hatte bis zum vergangenen Sommer auf meinem 20er Jollenkreuzer "Torte" einen 14 PS Ruggerini-Diesel. Der Motor hat ständig rumgezickt. Dann hat es mir irgendwann gereicht, nachdem meine Schwester mit Kindern und Hund und Mann zu Besuch war und der verflixte Diesel mitten in der Stadt auf der Havel schlapp machte. Danach habe ich den Diesel rausgeworfen und durch einen angehängten Torqeedo-Cruise 4.0 mit zwei in Reihe geschalteten Powerbatterien ersetzt. Da ich nun ziemlich viel Gewicht spare (Motor, Peripherie, Tank etc.) hat mich mein erster Test überwältigt: Bei rund 8 km/h (Binnen, daher keine Knoten) komme ich fast 100 Kilometer weit! Alles richtig gemacht. Und damit traue ich mich auch auf die Ostsee in küstennahe Reviere.
Das Rangieren mit den E-Motoren ist sensationell. Zum Aufstoppen aus guter Fahrt brauche ich eine halbe Bootslänge. Die Kraft ist immer sofort da. Der Motor muss nicht erst gestartet werden, kein Zündschlüssel oder Anreißer, kein Benzinhahn, kein Tank. Wunderbar. Einfach auf 'nen Knopf drücken und losfahren. Auskuppeln ist Geschichte.

Nun habe ich viel geschrieben und das Fazit lautet noch immer: Kommt drauf an. Auf Bootsgröße, Revier und wie lange man motoren will. Ich würde für mich nach sieben Jahren E-Motor-Erfahrung sagen: So es denn irgendwie möglich ist, raus mit den Knatterkisten und E-Motor einbauen oder anhängen.

Da ich beim Thema Motor und Batterie bin, kommt gleich der nächste Tipp zu diesem Thema:

## 20. Battery Guard

Wie Sie ja nun erfahren haben, habe ich keinen Diesel mehr und somit auch keine Starterbatterie. Aber da ich meine alte 12 Volt Batterie noch immer an Bord habe, weil ich darüber manchmal ein paar Verbraucher wie Kühlbox oder das Licht in der Pantry betreibe, nützt mir dieses kleine Teil mit der App immer noch sehr.
Battery Guard ist ein Überwachungssystem für Batterien. Man klemmt das kleine Teilchen einfach an beide Pole an, lädt sich die App herunter, koppelt den Guard per Bluetooth mit dem Handy und schon hat man den Zustand der Batterie immer im Blick. Da ich keinen Landstrom habe, sondern die Batterie mit einem Solar-Panel lade, bin ich immer auf dem Stand, ein Blick aufs Handy reicht.
das Ding ist echt super und kostet unter 25 Euro.

Und noch was zum Strom:

## 21. Kraftwerk zum Mitnehmen

Man hat ja mittlerweile viele Geräte, die geladen werden müssen. Klar, so kleine Powerbanks sind schon nützlich, aber nach vier, fünf Tagen ohne Landstrom wird auch das irgendwann schwierig.
Ich hatte unter anderem immer das Problem am Ankerplatz, dass ich das Dingi nicht mit der wunderbaren elektrischen Luftpumpe aufblasen konnte, weil die einen 230-Volt Stecker hat. Hinterherschleppen mag ich nicht so und auf dem Jollenkreuzer ist kein Platz, es an Deck aufgepumpt liegen zu lassen. Und bei 40 Grad im Schatten nervt die Fußpumpe sehr. 230 Volt habe ich jedoch nicht, und mangels Bordstrom bringt ein Konverter auch nichts. Geht aber anders.
Irgendwann sah ich eine Powerbank in der Größe eine Kofferradios - mit 230 Volt, 12 Volt und mehreren USB Ausgängen. Das Teil ist von ReVolt und diese Dinger nennen sich Solar-Konverter. Gibts in verschiedenen Größen mit diversen Kapazitäten und Leistungen. Das kleine Teil reichte mir aber, mit 42 Ah und 180 Watt. Für die Pumpe reichte das allemal. Nach der ersten Saison testen war ich so begeistert, dass ich mir gleich noch ein faltbares Solarpanel dazu bestellt habe. Damit bin ich tagelang autark. Ich habe mir dann noch ein Kabel gebastelt, mit 12 Volt Stecker. Wenn die Sonne also richtig scheint und die Powerbank geladen ist, stecke ich einfach die Kühlbox direkt an das Panel. Und siehe da - je wärmer es ist, desto kühler ist das Bierchen. Perfekt!
Kosten: 180 Euro für die Powerstation, 130 fürs Panel.

Wem das zu teuer ist:

## 22. Der Mix machts

Um Handys aufzuladen, findet man im Handel ja mittlerweile eine Vielzahl an Solarpanels, die über USB-Ausgänge verfügen. Ich habe mich da auf die Marke Anker eingeschossen, deren Panels ich am besten finde. Die liefern auch bei bedecktem Himmel meist genug Strom, um das Tablet oder das Smartphone vollzumachen oder zumindest die Ladung zu erhalten. Ich brauche das Tablet für die Navigation, worauf ich später noch zurückkomme.
Ich würde immer ein Panel nehmen, welches zwei USB-Ausgänge besitzt. Denn gerade auf See ist die Sonneneinstrahlung so gut, dass man viel mehr Strom produziert, als das Handy benötigt, wenn es den ganzen Tag mit voller Display-Helligkeit durchnavigiert. Den überschüssigen Strom einfach so verpuffen zu lassen, wäre doch jammerschade. Deshalb hänge ich immer und jeden Tag eine meiner 25.000 mA USB-Powerbank an die Matte. Auch mit dem generierten Strom komme ich oft tagelang hin, auch wenn das Wetter mal schlecht ist oder man eine Nachtfahrt macht. An sonnigen Tagen hänge ich gleich mehrere Powerbanks hintereinander dran. Und dann kann man damit auch mal getrost eine Woche ankern gehen.

Übrigens: es gibt auch Powerbanks, auf denen eine Solarzelle aufgebracht ist. Nach meiner Erfahrung taugen die aber nichts, denn das dauert Ewigkeiten, bis da mal nennenswert Strom fließt. Das Panel ist einfach zu klein.

## 23. Talkie Walkie

Vor gar nicht allzu langer Zeit hat die elektronische Kommunikation, vor allem im Ausland, echt reichlich Geld gekostet. Vor ein paar Jahren noch habe ich mir fürs skandinavische Ausland immer diese PrePaid-Simkarten gekauft, bei denen man zum Beispiel 4 GB Datenvolumen hatte und sie danach ungültig wurden. 4 GB sind schnell weg, und so war das immer ziemlich kostspielig, nur um mal ein paar Mails zu schreiben, Nachrichten zu lesen oder einen Blogbeitrag von unterwegs zu schicken. Vom Telefonieren mal ganz abgesehen, denn das war damals noch richtig teuer. Heute ist das alles, sofern man nicht in exotischen Ländern unterwegs ist, viel einfacher und preiswerter, in der EU sogar meistens ohne Aufpreis. Deshalb hätte ich vor ein paar Jahren diese App hier gar nicht vorgestellt, denn dann wären kleine, echte Walkie-Talkies günstiger gewesen.

Nun aber sind wir ja alle irgendwie immer online. Und da kommt diese wirklich tolle und kostenlose App ins Spiel. Sie verwandelt - Internetverbindung vorausgesetzt - das Smartphone in eine Handfunke. Das funktioniert in Echtzeit, ist also nicht so, als würde man Sprachnachrichten über WhatsApp verschicken.

Man wählt einfach eine "Frequenz" aus und alle, die in dieser Frequenz angemeldet sind, können sich dann darüber unterhalten. Das funktioniert weltweit, egal wo der andere gerade ist, sofern er Netz hat.

Zugegeben, das ist nichts für den Atlantik, aber schon was für die Küste, um mit Segelkumpels - auch als Gruppe - zu kommunizieren oder im Hafen die Crew darüber zu informieren, dass in fünf Minuten abgelegt wird.

Ein Bekannter von mir hat in Holland ein Charterunternehmen. Die Mitarbeiter kommunizieren nur noch mit dieser App. Gibts für Apple und Android. Walkie-Talkie-Kommunikation von Picslo.

## 24. Katzenklo, Katzenklo, ja das macht die Bilge froh

Zwischendurch mal ein praktischer Tipps fürs Winterlager. In der Bilge schwimmt ja oft nicht nur Wasser, sondern - wie früher auf meinem Jollenkreuzer - auch immer die ein oder andere Flüssigkeit aus dem Motorraum. Da sammelt sich dann manchmal ganz schön was an.

Natürlich kann man die Bilge auch trocken pumpen und dann mit dem Lappen hinterher gehen. Es gibt aber einen Trick, mit dem man die gesamte Soße restlos entfernt und das ganze dann auch beim Recyclinghof ohne Kanister oder andere spezielle Behälter kinderleicht entsorgen und transportieren kann. Das funktioniert übrigens auch, wenn - ist mir auch schon passiert - der Dieselschlauch platzt und die ganze Bilge voll mit diesem öligen Zeug ist.

Der Trick heißt: Katzenstreu. Am besten Klumpstreu nehmen. Das Zeug in die vollgelaufene Bilge kippen und etwas warten. Nach einer Weile hat das Streu alles aufgesaugt, vorausgesetzt, es wurde genug Streu benutzt und das Streu bekommt man dann leicht raus. Zunächst die Klumpen in einen Müllsack und dann mit einem Industriesauger hinterher. Die Flüssigkeiten sind restlos weg. Das sehr durstige Streu zieht das Wasser oder was auch immer selbst aus den letzten Ritzen heraus. Klappt echt gut.

## 25. Checklisten

Ein schöner Sommertag in Frederikshavn, nahe Skagen im Kattegat. Nach einigen sehr windigen Tagen freue ich mich sehr über den zurückgekehrten Sommer und gehe morgens duschen. Als ich barfuß zurück aufs Vorschiff steige, piekst mir etwas in den Fuß. Ich schaue nach und plötzlich stockt das Blut in meinen Adern. Ein loser Sicherungssplint!
Das ist so ziemlich eine der schlimmsten Horrorvorstellungen, die es im sicheren Hafen gibt. Splinte sichern ja immer etwas, was sich nicht lösen darf, auf keinen Fall - also stets was Wichtiges. Und so stand ich minutenlang auf dem Vorschiff und schaute den Mast hoch. Woher kommt der?
Später fand ich heraus, woher der kleine Metallfreund kam: es war der Sicherungssplint des Vorstagbolzens unterhalb des Furlers. Wenn ich das nicht bemerkt hätte, wäre mir irgendwann unterwegs der Mast auf den Kopf gefallen.
Ich habe dann überlegt, wie der sich lösen konnte und kam auch gleich drauf. Beim Maststellen im Frühjahr, einem schrecklich regnerisch und stürmischen Tag, lief das Ganze sehr hektisch ab. Als ich den Bolzen vorn einführte, sollte ich kurz mal an den Wanten helfen, mein Kumpel brauchte dort eine Hand. Also umgedreht, mitgeholfen und den Bolzen dann vergessen. Sowas passiert.
Seit diesem Tage habe ich immer eine Checkliste an Bord, die ich mehrmals in der Saison durchgehe. Dort stehen alle Splinte, Bolzen, Schrauben, Leinen und sonstige Hardware drauf, an der was kaputt gehen kann und die für die Sicherheit wichtig sind. Als Segler hat man ja manchmal auch langweilige Hafentage und dann mache ich mit der Liste meine Runde. Gerade als Einhandsegler ist es stets ein beruhigendes Gefühl, zu wissen, dass man sich auf alles, was sich an Bord befindet, verlassen kann. Lockere Bolzen, fehlende Splinte usw. machen sich immer bemerkbar, wenn man das gerade gar nicht

braucht und man eh schon mit Starkwind und Welle zu tun hat. Deshalb finde ich diese Checkliste wirklich ausgesprochen sinnvoll. Jeder Pilot hat eine solche Liste. Warum also auch nicht Kapitäne?

Und hier noch ein Tipp zu diesem Thema: Wenn Sie einem Segelkumpel mal einen echt üblen Streich machen wollen, legen Sie ihm einfach einen (wenn vorhanden: gebrochenen) Bolzen oder einen verbogenen Splint aufs Vorschiff. Machen Sie das aber nur, wenn Sie selbst da sind und das alles auch wieder aufklären können. Und halten Sie genug Bier parat, falls der Kumpel den Scherz nicht mochte. Vielleicht lassen Sie es auch einfach. Ich hab das mal gemacht und da war die Stimmung für ein paar Stunden echt schlecht. Aber der Trick ist gut!

## 26. Fender, die es einem leicht machen

Das kennen Sie sicher auch: Die Fender hingen schon vor der Box draußen und beim Einparken hängt sich einer am Dalben auf und das Manöver geht voll in die Hose.
Außerdem nerven Fender oft, wenn man im Schwell liegt und sie sich nach einer Weile zurück an Deck arbeiten.
Auf meiner Liste, was ich dieses Jahr vor der Saison noch kaufen werde, steht deshalb der Name SeaEq. Die haben sich drauf spezialisiert, Fenderkissen, Fendermatten, Langfender, Kurzfender, Pfahlfender und alles andere, was gefendert werden muss, in sinnvoll und gut zu produzieren. Und zwar nicht diese billig wirkenden Plattenfender vom Discounter, sondern echt edle Fender in Kunststofffasern verpackt und in vielen Farben erhältlich.
Die Dinger sind nicht ganz billig, sehen aber echt gut aus, müssen nie aufgepumpt werden und damit kann man auch in die Box fahren, wenn sie schon draußen hängen. Anders gesagt: Sie tragen nicht auf. Außerdem machen sie in der Nacht auch keine Quietschgeräusche.

Ach ja: Hier nochmal der Hinweis: Dieses Buch ist frei von gesponserten Produkten. Alles, was ich hier empfehle, empfehle ich nicht aus monetären Gründen, sondern weil ich es empfehlenswert finde. Ich kriege für solche Tipps kein Geld, sondern gebe dafür nur Geld aus. Wie alle.

## 27. Reviere wirklich kennen lernen

Mal was aus der Revier-Kiste. Ich werde oft - wegen meiner Revierführer-Bücher - gefragt, wieso ich eigentlich so viele Häfen kenne, die sonst keiner auf dem Zettel hat. das ist ganz einfach zu erklären.
Gerade mit der kleinen Varianta wird so eine Ostsee zum Ozean. Die Reviere, in denen man unterwegs ist, werden kleiner, weil man manche Strecken gar nicht erst fährt, da man ja auch wieder zurück muss. Und ab 6-7 Beaufort ist das mit solch einer kleinen Kiste überhaupt kein Spaß mehr. Deshalb hat man mehr Hafentage als mit großen Yachten und das Fahrtgebiet wird halt kleiner.
In der dänischen Südsee zum Beispiel war ich zig Mal. Und manchen Sommer habe ich mich nur in diesem kleinen Revier drei bis fünf Monate herumgetrieben. Wird das nicht langweilig? Nein - weil es überall noch Flecken gibt, die man nicht kennt. Ich habe mir dann irgendwann, bevor ich zum 20sten Mal nach Marstal fahre, die Seekarte genommen und nachgesehen, wo noch irgendwo kleine Stege und Häfen sind, in die man eigentlich niemals fährt. Dann nehme ich mir zum Beispiel vor, den nächstmöglichen Hafen im Umkreis von Marstal anzulaufen, den ich noch nicht kenne. Und schon lernte ich Ommel/Klevenhavn kennen, einem wirklich wundervollen Ort, wo nie jemand hinsegelt. An anderen Tagen wiederum bin ich einfach losgesegelt und habe mir dann vorm Ablegen gesagt: "Okay, Du segelst jetzt los und dort, wo Du nach 14.00 Uhr die ersten Masten (also einen Hafen) siehst, fährst Du rein."
Nach diesem Zufallsprinzip habe ich wirklich wunderbare Orte kennen gelernt. Manche habe ich in meinen Büchern weitergegeben. Es gibt aber auch Orte, die ich keinem jemals verraten werde. Die findet man wirklich nur, wenn man sowas mal ausprobiert. Das Ganze macht übrigens auch in seglerischer Hinsicht sehr viel Freude, weil man auch neue Fahrwege kennen lernt.

## 28. Bordtablet verpacken

Bereits 2012 bin ich schon mit einem Tablet als Hauptnavi herumgesegelt. Damals noch mit einem iPad, für das ich mir ein echt sündhaft teures, wasserdichtes Case gekauft habe. Das Dumme an diesem Case waren zwei Dinge. 1. Man konnte das Tablet im Case nicht laden. 2. Als ich mir ein neues iPad kaufte, konnte ich das Case nicht mehr benutzen, weil es nicht mehr passte.
Ich hatte dann die Nase voll von solchen Hüllen. Nicht nur aus diesem Grund, sondern auch, weil ich in den Jahren immer mehr Ansprüche, Wünsche und Ideen hatte. So wollte ich beispielsweise das Tablet als Navi in voller Helligkeit betreiben und ohne Stromsparmodus, also so, dass der Monitor sich nicht mehr abstellt. Es nervt mich immer, mit kalten, klammen Händen das Tablet wieder einschalten zu müssen, wenn man was nachsehen will. Ich wollte es nutzen wie einen Plotter, der schaltet sich ja auch nicht ab. Dazu gegen Spritzwasser geschützt und so platziert, dass die Sonne nicht voll drauf strahlt und sich das Tablet wegen Überhitzung abschaltet.
Als Platz war schnell der Bereich unter der Sprayhood gefunden. Dort war es schattig und dort kann man alles gut erkennen. Nun hätte ich dort einen USB Anschluss ins GFK einbauen können, aber ich vermeide es gern, Löcher ins Boot zu machen. Also mache ich das Ganze jetzt wie folgt:
Die Tablets verpacke ich in sogenannten Aquapacks. Das sind durchsichtige Taschen, die gibt es für Smartphones und Tablets. Diese Taschen kaufe ich immer eine Nummer größer. Also für mein 7 Zoll Tablet eine Tasche für ein 10 Zoll, für ein 10 Zoll das nächst größere. Warum? Weil ich dann noch eine USB-Powerbank in der Tasche verstauen kann und dieses mit einem kurzen USB-Kabel am Tablet anschließe. So wird es immer nachgeladen und das hält mit einer großen Powerbank auch mal mehrere Tage.

Da ich irgendwann auf Android-Tablets (Samsung Tabs, kosten 150 Euro, können alles) umgestiegen bin, habe ich davon dann auch gleich zwei oder drei im Schapp liegen. Geht mal eines über Bord, nehme ich halt das Nächste. Das wäre zwar ärgerlich, wäre aber dennoch die günstigere Variante. Ist mir aber noch nie passiert.

Wenn Sie knauserig sind, gibt es aber noch eine andere Lösung. Die finden Sie im Tipp Nr. 55.

## 29. Halterungen für Tablets

Da wir beim Thema Tablets und Smartphones an Bord sind, komme ich mal auf Halterungen zu sprechen. Im Yachthandel gibt es ja sehr viele Ausführungen. Ich habe mal welche gesehen, die man in die Winsch stecken kann. Nur, wer macht sowas? Da ist das Tablet gar nicht geschützt. Und will man winschen, was ja beim Segeln ab und zu mal vorkommen soll, muss erst das Tablet raus aus der Winsch? Nee. Danke, schöne Idee, aber nicht praktikabel.

Viel praktischer und auch viel preiswerter sind die Lösungen aus dem Autozubehörhandel.

Für Tablets nutze ich immer diese Klemmhalterungen, die man mit Saugnäpfen befestigen kann. Die sind eigentlich für die Windschutzscheibe gedacht, halten auf GFK aber auch sehr gut. Drauf achten sollte man, dass sie einen Klemmhebel an den Saugnäpfen haben, denn damit kann man die Saugleistung erheblich verstärken. Zur Sicherheit kommt immer noch ein kleines Sicherungs-Bändsel an das Aquapack, weil sich so eine Halterung auch durchaus mal lösen kann. Das Gute an diesen Halterungen ist, dass man sie auch nutzen kann, wenn man chartert. Ich würde immer auf Lösungen verzichten, die mit bohren, schrauben und festem Einbau zu tun haben. Diese Geräte ändern sich so schnell und schon kann man die alte Halterung nicht mehr gebrauchen und hat Löcher im Schott.

Diese Halterungen nehme ich für Tablets. Für Handys geht es noch besser:

## 30. Halterungen für Smartphones

Smartphones werden zwar immer größer, aber um sie als Navi einzusetzen, macht es schon Sinn, wenn sie nicht so weit weg sind, damit man sie gut ablesen kann.
Im Auto habe ich auch lange mit verschiedenen Halterungen herumprobiert, bis ich letztlich auf diese kleinen Magnete gestoßen bin. Das sind magnetische Pads zum Ankleben, dann kommt auf die Rückseite des Smartphones noch ein metallisches Klebepad und schon kann man das Handy einfach magnetisch anklicken. Das geht im Auto super, allerdings ist das bei starken Schlägen recht unsicher. Ich habe ein sehr großes Handy und es ist bei unbefestigten Straßen schon zwei mal fast abgefallen. Da die See ja häufig schlimmer als ein holpriger Feldweg ist, war das also fürs Schiff keine Option. Bis ich mir einen Gimbal, so ein Stabilisierungssystem für Handykameras kaufte. Und zwar das Teil von DJI, OM 4.
Das Handy kann man auf diesem Gimbal mit einer Klemmhalterung oder mit einem Magneten befestigen. Dieser Magnet wird auf die Rückseite des Handys geklebt und damit hält das bombensicher. Zurück im Auto habe ich dann gemerkt, dass sich nun zwei Magneten gegenseitig anziehen. Und das ist so fest, dass ich sehr kräftig dran ziehen muss, um das Handy wieder runter zu bekommen.
Diese Magnete fürs Handy kann man nachkaufen: DJI OM4 Magnetringe heißen die Teile. Dazu noch eine Magnethalterung zum Ankleben aus dem Autozubehör und so hat man eine wirklich sehr gute Halterung fürs Schott. Das Gute an den DJI Magneten: Sie haben noch einen Ring um den runden Magneten, an dem man prima ein kleines Bändsel anknoten kann.
Alles zusammen kostet 20 bis 25 Euro.

OSMO

## 31. Flexible Halter-Arme

Man kann sowohl Tablets als auch Smartphones mit einem Zubehörteil aus dem Video-Broadcast-Shop sehr flexibel an Bord oder unter Deck befestigen. Ich hatte solch ein Teil auf meiner Varianta im Einsatz, weil ich es für einen Videodreh sowieso mit dabei hatte. Daraus habe ich mir eine flexible Halterung inklusive schwenkbarem Arm gemacht. So konnte ich bei Schietwetter oder starker Sonne das Tablet auch im sicheren Niedergang platzieren.
Magic-Arm heisst die Lösung. Die Dinger sind super. Es gibt sie mit Klemmhalterungen auf der einen und Stativschraube auf der anderen Seite. Dann braucht man nur noch eine Stativhalterung für das Tablet oder Smartphone und schon kann man den flexiblen Arm irgendwo am oder im Schiff anklemmen und mit nur einer Rändelschraube in der Mitte feststellen, wenn die gewünschte Position gefunden wurde. Das geht Ratzfatz. Alle Gelenke des Arms werden über diese zentrale Rändelschraube gelöst und fixiert.
Kostenpunkt: Bei Amazon um die 30 Euro. Die Dinger von Manfrotto sind etwas teurer, aber in meinen Auge besser.

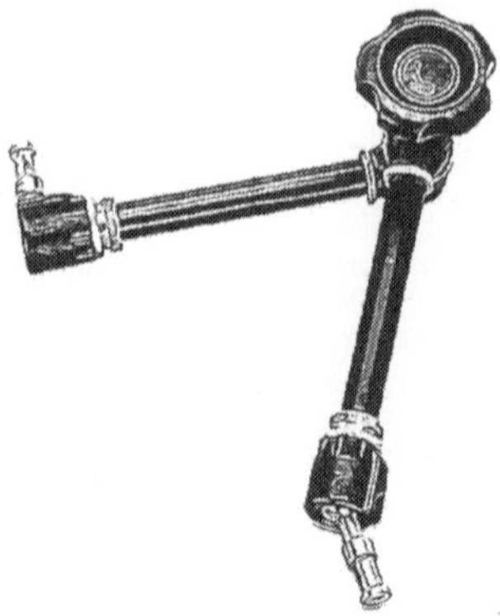

## 32. Überraschungszeisinge

Diese Zeisinge zum Festbändseln vom Groß sind manchmal echt nervig, oder? Ich jedenfalls hab da oft viel zu lange rumfummeln müssen, wenn es mal schnell, gehen soll. Dann kaufte ich Torte, den Jollenkreuzer.

Torte, damals hieß sie noch "Lagena", wurde in den 80er in der DDR gebaut. In der DDR wurde sehr viel improvisiert, was man bei Torte an vielen Stellen sehen konnte. Meine Achterkammerbeleuchtung war zum Beispiel eine Glühbirne, die in einem gläsernen Salzstreuer steckte. Herr Schade, der Erbauer von Torte, Neptun hab ihn selig, hat aber auch nach der DDR-Zeit noch ganz gute Ideen gehabt. Unter anderem die Zeisinge.

Das Problem bei den Zeisingen ist, dass man oft kalte und klamme Finger hat und der Kreuzknoten manchmal dann schwer fällt oder das Einhaken des kleinen Plastikhakens auch nicht so recht will. Herr Schade hat diese Gummi-Zeisinge genommen und am Ende mit dem Haken einfach das Plastik-Innenleben von Überraschungseiern, also diese gelben Plastikeier befestigt. Dazu bohrte er ein Loch in das Ei, fädelte das Ende durch und machte innen ein paar Achtknoten und fest ist das Ei. Damit geht das echt fix, denn man zieht das Ei einfach durch die Schlaufe des Zeisings und schon hält das. Ich liebe diese sehr einfache Idee, auch weil es so fix wieder gelöst werden kann. Und sieht auch noch lustig aus.

## 33. Folieren statt lackieren, Teil 1

2014 habe ich zum ersten Mal ein Boot folieren lassen. Ich war bei dem ganzen Vorgang dabei und habe festgestellt, dass das gar nicht so schwer ist, wie man denkt. In der Zeit danach habe ich selbst dann drei Mal einen Rumpf foliert und das Ergebnis war perfekt. Seitdem würde ich Rümpfe nicht mehr lackieren, sondern immer folieren.
Einfacher ist es durch die Weiterentwicklung geworden, was die Folien angeht. Das hat nichts mehr mit dem guten alten D-C-fix zu tun, was wir alle mal ausprobiert und uns dann über die Falten geärgert haben.
3M Oracal 2080 heißt das Zauberprodukt. Damit sind Luftblasen und Falten Geschichte. Der Kleber dieser Folie ist in kleinen Micro-Glaskugeln aufgebracht. Diese Kügelchen haben verschiedene Stärken. Wenn man die Folie mit einem Rakel handfest anstreicht, platzen die schwächsten dieser Kügelchen und die Folie klebt erst einmal. Der Kleber zieht dann nach und nach von selbst an, der Druck auf die stärkeren Kügelchen wächst und dann platzen auch sie. Daher hat man auch eine längere Verarbeitungszeit und kann die Folie auch wieder abziehen und erneut ansetzen. Der Clou: Diese Kugeln sind so aufgebaut, dass kleine Luftkanäle entstehen. Hat man also - auch in der Mitte der Klebefläche, mitten auf dem Rumpf - eine Luftblase, drückt man einfach mit der Hand drauf und sie ist weg. Die Luft entweicht über die Kanäle nach außen.
Diese Folien können auch über normale Krümmungen gelegt werden, bei stärkeren Krümmungen einfach mit einem Heißluftfön vorsichtig die Folie weich machen. Ich habe zwar schon ein kleines 18 Fuß Boot mal selbst alleine foliert, aber das war ein echter Kampf. Zwei bis drei helfende Hände machen es viel einfacher.
Wie man das ganze sauber schneidet, zeigt der nächste Tipp

## 34. Folieren statt lackieren, Teil 2

Wenn man darüber nachdenkt, sein Boot oder Teile davon zu folieren, scheitert das im Kopf meistens an der Vorstellung, die Kanten sauber zu schneiden. Mit einem Cuttermesser geht das auch nicht.
Als ich dann zum ersten Mal Profis am Werk sah, wurde mir bewusst, wie einfach das Leben doch sein kann. Die schneiden das Ganze nämlich mit Fäden, genauer gesagt mit "Cutting-Tape".
Cutting-Tapes sind schmale Klebestreifen, in denen ein scharfer Kevlar-Faden eingearbeitet ist. Diese Klebestreifen gibt es auf Rollen zu kaufen. Bevor man also foliert, werden die Kanten am Rumpf, an denen die Folierung endet, zunächst mit diesem Tapestreifen abgeklebt. Der Schneidfaden befindet sich darunter.
Wenn man also den Rumpf folieren will, klebt man einen Streifen oben an der gewünschten Schnittkante, unten am Wasserpass, am Heck und in der Mitte des Bugs fest und klebt danach die Folie darüber. Immer drauf achten, den Schneidfaden etwas überstehen zu lassen. Dann schneidet man die Folie dort, wo der Schneidfaden sitzt, einen Millimeter (als Anfang sozusagen) ein und dann zieht man mit dem Kevlar-Faden durch die Folie und erhält eine saubere Schnittkante. Während des Schneidvorgangs zieht man dann die Trägerfolie des Fadens Stück für Stück unter der Folie weg und danach rakelt man die Kanten fest. Fertig. Ich rate immer dazu, das Ganze irgendwo mit einem Stück Folie erst einmal zu probieren, auch um ein Gefühl für den Vorgang zu bekommen und wie man den Faden praktisch durch die Folie zieht.
Achten sollte man auch auf die Stellen, wo sich die horizontalen und vertikalen Schneidfäden überlappen. Zuerst müssen immer die oben liegenden Fäden gezogen werden.
Mit dieser Technik lassen sich auch ganze Formen, Motive und Muster folieren. Dabei habe ich mal zugesehen, aber da hat mir die Anordnung der ganzen Fäden einen echten Knoten im Kopf

gemacht. Dafür braucht man Übung. Einen Rumpf zu folieren, kann eigentlich jeder, der einigermaßen ruhige Hände und Geduld hat. Die Vorarbeiten sind das Wichtigste.

## 35. Folieren statt lackieren, Teil 3

Über das Folieren von Booten könnte man sicher ein eigenes Buch machen. Ich gehe hier dennoch nochmal kurz drauf ein, auch um dem ein oder anderen Leser vielleicht die Angst davon zu nehmen.
Wichtig ist, dass der Rumpf absolut sauber ist und man in möglichst staubfreier Umgebung arbeitet. Eine Folie macht Unsauberkeiten und kleine Macken sichtbarer. So wie das kleine Staubkorn auf dem Handy-Display, das beim Folieren der Schutzfolie kleben blieb. Das sieht hinterher schlimmer aus als vorher. Es gibt extra für die Vorbereitung/Reinigung der Fläche vorm Folieren sogenannte "Surface-Cleaner". Bitte auf keinen Fall mit Politur arbeiten.
Das Schwierigste beim Folieren eines Rumpfes ist es, die Folie in passender Größe vorzubereiten. Die Jungs, die meine Varianta damals folierten, haben sich beim ersten Mal derbe vertan, die sphärische Krümmung eines Bootsrumpfes unterschätzt und konnten eine ganze Bahn der Folie wegwerfen. Im Prinzip sieht das fertige Stück eher aus wie eine Banane - so krumm ist diese abgewickelte Fläche.
Ich habe mir später, als ich das selbst gemacht habe, mit einer Rolle Tapete geholfen, die ich zunächst mit Gaffa Tape am Boot grob befestigte. Das war dann eine wirklich sehr, sehr grobe Schablone, hat mir aber geholfen, beim Vorschnitt nicht zu schmal zu schneiden. Hinterher passte das sehr gut.

## 36. Folieren statt lackieren, Teil 4

Als ich damals eine Film über das Folieren drehte und auf meinem Blog veröffentlichte, wurde ich immer wieder gefragt, wie das mit kleinen Macken ist. Die meisten Leute haben offenbar Angst davor, dass die Folie zu empfindlich ist. Nun, wenn man sich vorstellt, dass selbst die Nasen der ICE-Züge damit foliert wurden, geht die Angst sicher ein Stück weg. Nein, diese Folien sind nicht empfindlich und ich halte es noch immer für besser, einen Kratzer in eine Folie zu fahren als ins GFK. Und natürlich habe ich mir auch mal eine kleine Macke an einem alten Holzsteg abgeholt. Das ist aber nicht weiter schlimm, weil man diese Macken sehr gut abdecken kann und das hinterher wirklich niemand sieht.

Dazu schneidet man sich einfach aus den Resten der Folie Reparaturflicken zurecht. Nicht eckig oder rund - das würde man sehen. Am besten in einer Form, die so aussieht wie Tarnfleck auf militärischen Klamotten. Also runde, unregelmäßige Formen. Dort wo, der Kratzer ist, entfernt man einfach die kaputte Folie vorsichtig mit einem Cutter, auch in einer solchen Form, aber einer anderen. Bloss nicht versuchen, eine passgenaue Flickstelle zu basteln. Selbst wenn das millimetergenau eingepasst werden würde, fiele diese Stelle sofort auf. Nimmt man dann einen dieser Tarnfleck-Flicken und klebt ihn drüber, sieht das hinterher kein Mensch mehr.

Ach ja, und wie lange diese Folie hält, werde ich oft gefragt. Nun, Digger wurde 2014 foliert und soweit ich weiß, ist die Folie noch immer drauf und intakt. Das deckt sich mit den Herstellerangaben von sechs Jahren im Außenbereich.

## 37. Einhand pinkeln

Tja, nun mal Butter bei die Fische (obwohl Fische grad irgendwie nicht so gut passen). Wer geht als Einhandsegler unterwegs schon unter Deck aufs Klo, wenn es mal wieder stark weht und die See tobt? Oder wie pinkelt man, wenn man gar kein Klo hat? Normalerweise wird ja gesagt, dass man die Pütz dazu nimmt. Aber die Pütz nimmt sehr viel Platz weg und so richtig handlich sind die Dinger ja nun auch nicht. Dazu kommt, dass es gar nicht so einfach ist, einen Eimer unterwegs mit Seewasser durchzuspülen. Das kennt wohl jeder, wenn es einem dabei fast den Arm weg reißt. Nein - eine Pütz ist unterwegs ein denkbar schlechtes Klo - außer für Seglerinnen, denn für die dürfte mein Tipp nichts sein.

In der ersten Saison mit meiner Varianta auf der Ostsee habe ich zunächst in handelsübliche PET-Flaschen gepinkelt. Das erfordert jedoch: eine ruhige Hand und wenig Welle. Außerdem sind diese Flaschen ja transparent, sieht also nicht schön aus und nicht auszudenken, man nimmt eine leere Flasche, wo noch ein Apfelschorle-Etikett drauf klebt und denkt nicht mehr dran. Entschuldigung - ich weiß - das ist eklig. Aber mir ist das fast mal passiert.

Vielleicht ist so ein Schlüsselmoment aber auch gut, um sich mit so etwas zu beschäftigen. Als ich im kommenden Winter dann zu Hause eine Maschine Buntes fertig machte, griff ich zur Weichspüler-Flasche und es fiel mir wie Schupp… ach, lassen wir das.

Weichspüler oder Waschmittelflaschen haben sehr große Öffnungen (Angeber!) und sind in der Regel blickdicht. Diese Flaschen eignen sich super als mobiles Urinal. Komisches Gefühl fürs Ego zwar, wenn man beim pinkeln einen Comicbären mit "Kuschelweich" drüber sieht, aber - ach, ich habe diesen Artikel jetzt eh völlig verkalauert.

## 38. Der beste Diebstahlschutz für Außenborder

Außenborder werden ja sehr gerne geklaut. Sofern man keinen Elektro-AB hat, den man ja schnell zerlegt hat und mit nach Hause nehmen kann. Benziner sind bei Langfinger sehr beliebt, auch weil sie sich so schön weiterverkaufen lassen. Und so sieht man häufig die abenteuerlichsten Diebstahlsicherungen, meistens dem Fahrradhandel entlehnt: Der eine nimmt ein dünnes Zahlenschloss und bekommt es nach einem Jahr in salziger Luft nicht mehr gedreht, der andere ein dünnes Kabelschloss, dass man sogar mit einer Nagelschere durchschneiden kann. Der nächste hat sich dann nicht Lumpen lassen und ein teures Kettenschloss mit schweren Gliedern gekauft. Das Dumme daran: Wenn jemand den Motor unbedingt klauen will, macht er es. Und je stärker das Schloss umso höher der Schaden, den der oder die Diebe dann an Bord hinterlassen. Mir erzählte jemand sogar schon von einem durchtrennten Heckkorb.
Diebe kommen übrigens nur in seltenen Fällen über das Deck. Meistens nähern sie sich im nächtlichen Hafen mit einem kleinen Boot und stehlen die Motoren direkt vom Wasser aus. So wurde mir das jedenfalls man erzählt.

Es gibt einen sehr wirksamen Schutz gegen Diebstahl, dazu noch sehr günstig. Allerdings ist das nichts für Ästheten. Denn um zu verhindern, dass ein Motor für Diebe attraktiv ist, sprüht man ihn einfach mit Autolacken bunt und wild an, und zwar Gehäuse und Schaft. Diese Motoren sind dann zum einen unverkäuflich und zum anderen, wenn man ihn selbst fahren will, sehr auffällig. Ein schwarzer AB mit "Mariner" Aufdruck fällt keinem auf. Der gleiche Motor mit pinkfarbenen und giftgrünen Farbflecken indes schon. Muss man mögen, spart aber Ärger.

## 39. Der Transporter für Außenbordmotoren

Da Ihr Außenborder ja nun nicht mehr gestohlen wird, muss er natürlich auch ins Winterlager oder zur Wartung oder durchgespült oder dran geschraubt werden - sprich: er muss transportiert und/oder gelagert werden. Verflixt nur, dass man diese oft schweren Trümmer nicht einfach so auf die Schulter legen kann, ohne dass der ganze Sprit dann raus läuft. Außenborder sollte man daher immer aufrecht stehen lassen, egal ob in Bewegung oder in der Garage.
Zum Transport und zur Lagerung eignet sich eine alte Sackkarre. Dann braucht man nur noch zwei stabile Holzbretter, die man sich passend zurecht sägt, etwas schmaler als das oberer Rohr der Sackkarre. Die beiden Bretten bolzt man dann von jeder Seite an dem Rohr wie einen Motorspiegel fest und schon kann man den Außenborder damit herumfahren oder - wenn man das gut ausbalanciert, sogar dauerhaft lagern. Da der Motor klappbar bleibt, kann man auch direkt zu einem Behälter mit Süßwasser fahren, um ihn dort auf der Sackkarre hängend durchzuspülen.

## 41. Backskistenschloss

Vorhängeschlösser an Backskisten nerven. Man muss irgendwie immer diese kleinen Schlüssel aufbewahren und griffbereit haben und die salzige Seeluft machen Schlösser auf Dauer nicht gerade leichtgängiger. Dazu klappern sie immer am GFK herum und schön aussehen tun sie auch nicht.
Auf der Etap war eine sehr smarte Lösung installiert, die die Backskisten gegen ungewolltes Öffnen gut absicherten. Und die ging so:
Am Backskistendeckel war innen eine Leine befestigt, die über eine Umlenkrolle nach vorn führte und dort durch ein kleines Loch in den Innenraum der Yacht, in diesem Falle in die Nasszelle führte. Dort war eine Klemme angebracht, an der man die Leine spannen und fixieren konnte. Somit war der Kistendeckel zu. Wann immer wir das Boot also verließen, wurde diese Leine einfach gespannt und das Boot abgeschlossen.

Wohin diese Leine führt ist eigentlich egal. Auf meinem Jollenkreuzer ist zwischen Innenraum und Backskiste noch die Pantry, wo ich keine Möglichkeit für solch eine Klemmen-Leinen-Kombination hätte. Also führe ich die Leine einfach nach unten und die Klemme kommt unter die Cockpit-Bodenbretter. Sieht niemand. Und wenn das jemand entdeckt, ist er so diebstahlwillig, dass er sowieso alles aufbrechen würde, um ins Boot zu kommen.

## 42. Sauberes Deck, auch ohne Schlauch

Mal zwischendurch das Deck abspülen ist oftmals ein echter Akt. Meistens muss man dann auf den Steg, und - wenn vorhanden - den Wasserschlauch durch den halben Hafen ziehen. Wenn er nicht gerade belegt ist.
Und immer mit der Pütz und Seewasser ist auch dauerhaft keine Lösung. Ab und zu sollte es auch mal Süßwasser sein.
Kärcher hat da was Tolles, was auf der Etap in der Backskiste liegt und bei verdrecktem Deck schnell zu Hand ist. Der kleine, mobile Niederdruckreiniger heißt Kärcher OC3, hat einen 4 Liter Tank und einen Li-Ion Akku, der ziemlich lange hält. Der Druck ist perfekt, um das Deck durchzuspülen und Schmutz aus dem Cockpit zu waschen. Der Tank ist abnehmbar, so ist Wasser-Nachschub auch kein Aufwand. Aber Obacht: Bloß keinen Hochdruckreiniger erwarten, der den grünen Belag vom Teck entfernt. Das Wasser kommt dort für einen Kärcher sehr gemächlich raus. Aber zum Saubermachen unterwegs geht das Teil echt gut. Ich habe damit bei einer Tour nach London auf der Themse bei Langeweile das ganze Salz vom Schiff gespült.

Der kleine Kärcher lässt sich gut verstauen, hat einen Waschbürstenaufsatz und ist eigentlich für Fahrräder gedacht. Aber das schadet einem Boot ja nix.

## 43. Navi-App meiner Wahl

Ich habe jahrelang mit Navionics navigiert. Und mich damit oftmals, so gut die App auch ist, rumgeärgert. Früher haben die ständig das App-System geändert und man musste wieder und wieder diese teuren Karten kaufen. Irgendwann sind sie zu einer Account-basierten Lösung übergegangen, so dass das nun einfacher ist. Aber dennoch geht die Navigation ganz schön ins Geld, weil man ja auch immer noch die Papierkartensätze braucht. Dann brachte DK seinen Yacht-Navigator raus, bei dessen Entwicklung ich sehr viel Input gegeben habe. Die Idee hat mir anfangs gut gefallen, weil man den Download-Code für die digitalen Karten mit den Papierkarten kostenlos für ein Jahr erhält. Leider hat DK diese App meines Erachtens nur sehr rudimentär weiterentwickelt, so dass ich dann wieder zurück zu Navionics ging, weil man dort einfach mehr Funktionen zur Verfügung hat. Bis ich dann 2017 über die Nordsee nach London segelte. Da man sich auf der Tour immer entlang des VTG (Verkehrstrennungsgebiet) entlang hangelt, nervte die Darstellung der Vektorkarten schon sehr, weil dieses VTG nur zu sehen war, wenn man so weit raus zoomte, dass man dann aber die umliegende Gegend nicht mehr ablesen konnte, weil alle Details ausblendeten. Das ist halt der große Nachteil der Vektorkarten. Man kennt ja noch den Unfall beim Volvo Ocean Race 2014, als die VESTAS auf ein Riff brezelte. Der Navigator hatte schlichtweg einen Zoomfaktor auf der elektronischen Seekarte (Vektor) eingestellt, in dem das Riff ausgeblendet wurde.
Eine Weile später wurde ich von Hansenautic, die ja seit einer Weile zum NV-Verlag gehören, zu einem Vortrag nach Eckernförde zum Firmensitz eingeladen. Die NV App hatte ich ein paar Jahre zuvor mal ausprobiert, sie gefiel mir aber nicht sonderlich gut. Nach dem Vortrag saßen wir noch bei Grillwurst und Bierchen zusammen und dann erzählten mir die Jungs von NV, dass sie die App neu programmiert haben. Wieder zu Hause, habe ich das Ganze dann mal ausprobiert. Und seitdem benutze ich nur noch diese App zum

navigieren, egal ob binnen oder auf See. Denn - das ist ein echtes Killerfeature - man kann jederzeit auswählen, ob man die elektronische Seekarte als Raster- oder eben als Vektorenkarte anzeigen lassen möchte. Das kann man also je nach Gebiet einfach im Menü auswählen. Und das ist - neben allen anderen Funktionen wie AiS Overlay etc. - echt ein Alleinstellungsmerkmal und der Grund für mich, diese App zu nutzen. Abgesehen davon, dass das Programmierer-Team (diese App wird Inhouse programmiert!) auch ansonsten einen echt guten Job macht und die App sehr gut zu bedienen ist, sehr zuverlässig arbeitet und auch optisch ansprechend ist. Auch sie funktioniert per Login, d.h es ist egal, auf welchem Gerät ich sie nutze - meine Inhalte sind überall verfügbar. Außerdem hat mich die automatische Routenerstellung hier in den Binnenrevieren im Gegensatz zu Navionics, wo man ab und zu immer mal wieder über Land geführt wird, echt überzeugt.
Kauft man die Papierkarten von NV, erhält man den Code für die digitalen Karten dann auch dazu. Es kostet also nicht einmal extra.

Ich mag - das war auch anfangs bei der DK App so - auch sehr, wenn das Kartenbild auf dem Plotter dem der Seekarte entspricht. Es ist für den Abgleich und die Orientierung sehr hilfreich, wenn beides gleich aussieht. Navionics unterschied sich von den Papierkarten ja immer sehr und da dauerte es immer einen Moment, wenn man abgleichen wollte, bis man sich da optisch rein findet.

## 44. Ordnung in den Schapps

An den Schapps im Boot hat mich oft gestört, dass da immer alles rumfliegt und gerade nach Tagen auf rauher See oft ein Chaos herrscht. Alles in Boxen verstauen hat halt den Nachteil, dass - wenn man mal schnell was braucht, wie ein Messer oder die Taschenlampe - erst immer die richtige Box finden musste. Abgesehen vom manchmal fummeligen Öffnen der Boxen.

Als ich mir dann mal für meine Drohne ein Peli-Case, so einen robusten Plastikkoffer - gekauft habe, kam der mit vorgestanzten Schaumstoffeinlagen, die man sich so zurecht basteln konnte, dass die Drohne und das Zubehör sauber verstaut werden können. Ich kannte das ja schon von meiner Fotoausrüstung.

Und mit genau diesen Schaumstoffeinlagen kann man sich ein echt ordentliches und klapperfreies Schapp basteln. Denn der Einlage ist es völlig egal, ob sie in einem Koffer, einem Schwalbennest oder einem Schapp liegt.

Diese Einlagen nennen sich "Rasterschaum" oder "Würfelschaum". Die bekommt man in diversen Größen.

## 45. Nachtlicht

Auf der Etap fand ich die Nachtbeleuchtung immer sehr sinnvoll, weil wir damit sehr häufig über Nacht unterwegs waren. Bei Rotlicht mal kurz unter Deck verhindert halt, dass man danach erstmal nichts mehr sieht, weil Rotlicht das Auge nicht so stark blendet.
Nun ist die Etap das einzige Boot gewesen, bei dem ich dieses Rotlicht hatte. Alle anderen Boote waren mit LEDs ausgestattet und strahlten in blendendem warmweiß. Ich träumte also jahrelang davon, irgendwann mal wieder in der Nacht unter Deck ein rotes Licht anmachen zu können.

Wenn ich nicht gerade auf Booten Urlaub mache, verbringen wir die Ferien oft sehr gern im Zelt. Wir lieben es, an wundervollen Orten oder am See zu zelten. Irgendwann ging ich zu Decathlon und kaufte ein wenig Zubehör, unter anderem eine LED Lampe für's Zelt. Die ist so groß wie eine Faust, kann über USB aufgeladen werden und sogar über eine Kurbel per Dynamo, wenn man kein Strom zur Hand ist.

Erst als ich im Zelt war und sie nachts anstellte, fiel mir auf, dass sie über drei Leuchtstufen verfügt: dunkel, hell und - rot!

Seitdem ist diese Lampe gleich mehrfach bei uns vorhanden, und natürlich zwei davon auf Torte. Mein Heimathafen ist somit nun auch Rotlichtviertel.

Wen es interessiert: Die Lampe heißt BL 50 und kostet 14,95 Euro.

## 46. Campingzubehör

Wo ich schon mal beim Thema bin: Oft lohnt der Blick über den Tellerrand, gleich am besten auf andere Teller gucken. In den Yachtzubehörläden ist halt alles auf Maritim eingestellt. Der Bootsmarkt ist recht klein und die Auswahl an Zubehör oft sehr überschaubar.
Der Outdoor-markt, auch Camping und vor allem Caravaning indes ist ein riesiger Markt, in dem sich auch viele Zubehörlieferanten tummeln. Oft findet man dort wesentlich smartere und auch kostengünstigere Lösungen als im Yachtzubehör. Kochgeschirr zum Beispiel kaufe ich nur noch in solchen Läden. Denn gerade beim Thema Outdoor geht es nicht darum, hier und da noch einen Anker als maritimes Motiv aufs Produkt zu drucken, sondern es geht um Gewicht, Haltbarkeit, Packmaß. Also genau das, was man eigentlich auch auf Kleinkreuzern immer im Blick hat. Würde ich eine CnB 60 segeln, wäre mir das - übrigens auch monetär - alles egal. So aber mag ich kluge Lösungen. Und wer sich beispielsweise mal durch den Fritz-Berger-Katalog gewühlt hat, wird vieles finden, was auch Yachteignern gefällt. Das fängt bei faltbaren Spülbecken an und hört bei Bio-Toiletten auf.

Und damit komme ich zu einem Thema, das ähnlich gelagert ist:

## 47. Ölzeug

Wer hat sich eigentlich diese hohen Krägen ausgedacht, die man an den Offshore-Jacken findet, mit Fleece drinnen aber so brettig und hoch, dass man kaum noch seinen Kopf bewegen kann? Ganz ehrlich - ich bin kein richtiger Freund von dem, was man Ölzeug nennt. Es wird oft gesagt, dass es halt spezielle Anforderungen sind, die auf einem Boot warten, in Bezug auf Kleidung. Gischt, Regen, Wind und Kälte sind dort halt extrem. Dazu noch das Salz im Wasser. Ich bin sehr oft Outdoor-mäßig unterwegs gewesen. Wer mal in 3.000 Metern Höhe von einem Gewitter, dass hinterher in einem Schneesturm endet, überrascht worden ist, der weiß, wie harmlos es auf Booten bei Schietwetter eigentlich ist. Ist mir passiert - mitten im Sommer am Großvenediger in Osttirol. Zum Glück hatte ich ein paar Klamotten im Rucksack, teures, leichtes wetterfestes Zeug und ein paar Lagen Fleece, weil man mit solch einem Wetterumschwung immer mal rechnen muss. Diese Klamotten geben einem wunderbare Bewegungsfreiheit, man schwitzt darin nicht so, sie sind nicht so sperrig und schwer wie Ölzeug. Und sie trocknen auch wesentlich schneller und lassen sich viel besser verstauen.Gute Outdoor-Kleidung ist in meinen Augen dem herkömmlichen Ölzeug wesentlich überlegen. Die Annahme, dass halt nur Ölzeug auch Salzwasser verträgt ist eine falsche. Das stimmt nicht. Günstiger sind diese Sachen nicht wirklich, aber sie tragen sich viel besser und man kann sie halt vielfältiger nutzen. Übrigens: man kann sich auch mal zum Beispiel die Fischer ansehen. Oder die Berufsschiffer. Da sieht man fast nie diese Segelbekleidung. Die tragen auch eher mehrere Lagen und darüber wasserdichtes Zeug. Bei Fischern macht dieses Gummizeug allerdings Sinn, weil die ja viel an Fischen rum schnibbeln.
Der Einwand, man würde dunkle Kleidung im Wasser (MOB) nicht sehen, zählt nicht. Schließlich trägt man ja eine Rettungsweste. Und die sieht man im ausgelösten Zustand besser als Ölzeug.

## 48. Hafenaufkleber

Man sieht ja manchmal Yachten, an deren Bugkörben alte Bretter baumeln oder PET-Flaschen. Daran werden dann die Hafenaufkleber befestigt, damit am schönen Edelstahl keine Klebereste mehr haften bleiben, was nach einer Weile ja echt unschön aussieht.
Nun bin ich weder ein Freund von baumelnden Brettern noch von baumelnden PET-Flaschen, weil das meines Erachtens schlimmer aussieht, als Klebereste am Bugkorb. Wenn man wie ich aber teilweise monatelang unterwegs ist, wird so ein Bugkorb dann nach einer Weile echt unschön, weil ein Kleber über dem anderen klebt und alles nur noch voll mit diesem Zeug ist. Jedesmal vorm Verlassen des Hafens diese Klebeteile mühsam abknibbeln, macht echt keine Freude.
Mein Tipp, den ich irgendwann rausgefunden habe: Einfach das Edelstahlrohr, an dem diese Dinger angebracht werden, mit etwas Melkfett einschmieren. Das bleibt da ewig drauf und verhindert, dass die Aufkleber hartnäckig kleben bleiben. Am besten aber nicht das obere Rohr nehmen, wo man sich festhält, denn Melkfett ist echt rutschig. Und Apropos Melkfett, warum habe ich das überhaupt an Bord?

## 49. Propellerschutz

Der liebe Motor-Propeller und das Antifouling - ein ewiges Thema. ich habe schon viel probiert, aber sobald die Kiste mal eine Weile nicht bewegt wird, ist gleich wieder Bewuchs auf der Schraube.
2014 hatte ich mal einen Ruderbruch und bekam ein neues Ruder in den Hafen geliefert, in dem ich lag. Da es angehängt war, konnte ich das ganz locker einfach austauschen. Das Dumme: Ich hatte kein Antifouling und schon gar keinen Primer, außerdem wollte ich weiter und nicht noch tagelang mein Ruderblatt bepinseln. Also schmierte ich nach einem Tipp einfach das Ruderblatt unter der Wasserlinie mit Melkfett ein. Und siehe da - ich hatte keinen Bewuchs.

Daraufhin habe ich das gleiche Zeug auch an der Schraube ausprobiert und siehe ein zweites Mal da - auch kein Bewuchs. Nun war das allerdings ein Außenborder und ich gebe zu, manchmal so einer Einhand-Lethargie zu verfallen und den Jockel im Hafen nicht hochzuklappen. Würde ich das machen, hätte ich ja eh keinen Bewuchs dran. da ich das aber eben nicht immer mache und auch manchmal den Propeller im Wasser lasse, wenn das Boot ein paar Wochen wieder am Liegeplatz liegt, was das schon ein Thema.

Dann bekam ich Torte, mit Einbaudiesel, Welle und einen fetten Propeller im Wasser. Dort habe ich auch wieder Melkfett ausprobiert und siehe erneut da - wieder nichts dran. Mittlerweile glaube ich, dass Melkfett wirklich gut gegen Bewuchs hilft. Ausprobieren schadet eh nicht.

## 50. Zusätzlicher Stauraum für Kleinteile

In den Backskisten fliegen lose Kleinteile ja oftmals herum und versinken dann in der Tiefe der Kiste. Das gleich gilt für den Stauraum unter den Sitzbänken oder sonstigen Staumöglichkeiten.
Überall dort, wo das Innenleben aus glattem GFK besteht, gibt es für kleines Geld tolle Ablagemöglichkeiten, die sogar noch nassen Aufgaben gewachsen sind.
Diese kleinen Körbe kennt jeder, der weiblich ist, oder mit einer Frau zusammenlebt oder selbst sehr viel Wert auf Badezusätze legt. Ich rede von den Körben, die eigentlich für die Kacheln in der Dusche oder an der Wanne gedacht sind. Die sind rostfrei, halten mit simplen Saugnäpfen (drauf achten, Saugnäpfe mit Spannvorrichtung zu nehmen, die halten besser) und bringen Ordnung ins Seglerleben.

Meine Frau hat übrigens auch für die Schapps Körbe aus dem Badzubehör genommen. Auch da muss ich gestehen, tun die einen echt guten Job und halten Ordnung.

## 51. Gaffa Tape, Kabelbinder und……..

Gab es eigentlich ein Leben vor Gaffa Tape und Kabelbindern? Und wenn ja - wie soll das gewesen sein? Ich kann mir das nicht mehr vorstellen, denn diese beiden Sachen sind - und nicht nur da - an Bord wirklich nicht wegzudenken. Mit Kabelbindern und Gaffa Tape kann man um die Welt segeln.

Es gibt aber noch was, was bei mir an Bord immer und in allen Größen vorhanden ist, auch so ein Pfennigartikel, der das Leben extrem erleichtert und verbessert. Ziploc-Bags. Das sind diese Gefrierbeutel mit Reißverschluss dran. Ohne die geht nichts.
Egal ob Lebensmittel, Salz, Öl, Lesebrillen, Schrauben, Kulis oder was auch immer - alles kommt bei mir in diese Beutel. Nur mit diesen Beuteln schaffe ich es, zwei Saisons mit einer Packung Salz hinzukommen, ohne dass es klumpt. Sogar das Handy kann man dort wasserdicht einpacken, wenn es regnet und man es in der Hosentasche braucht und kein Aquapack hat. Kekse bleiben darin knusprig, Tabak bleibt schön feucht, bei Regen packe ich die Kamera in solch einen Beutel und lasse das Objektiv durch den teilweise geöffneten Reißverschluss durchschauen, um auch bei Schietwetter mal ein Bild zu knipsen.
Diese Beutel können alles. Und nun kommt es: Ich bewahre auch Kabelbinder (!) und sogar das Gaffa Tape (!!) in solchen Beuteln auf. So wird ein Schuh draus, oder?
Manche decken sich zum Schutz ihrer Kleinteile ja mit Tupperdosen oder ähnlichem ein. Der Nachteil an den Plastikdosen: Sie brauchen zu viel Platz und sind sperrig. Diese Beutel kann man schön quetschen.

## 52. Refitverbesserer

Epoxy ist ja bei Refittern ein echtes Heiligtum. Epoxy macht alles besser. Ich habe mich in der Vergangenheit damit aber auch das ein oder andere Mal böse vertan. Denn was dabei äußerst wichtig ist, ist das Härter-Harz-Verhältnis. Mit Mischbechern geht so etwas zwar, aber auch nur dann, wenn man mit ausreichenden mengen arbeitet, und nicht unter den Skalen der Becher bleibt.

Auf meiner Varianta habe ich mal ein kleines bisschen Epoxy angerührt, weil ich im Vorschiff die Halterung für eine LED-Stablampe ankleben wollte. Diese Lampe ist so ein runder Stab und die Halterung ein kreisrundes Plastikteil, in der man die Lampe einfach einklickt. Da ich abends in der Koje gern lese, habe ich entschieden, dort eine Lampe fest einzubauen, bzw. anzulaminieren. Also nach Gutdünken ein wenig Harz und etwas Härter rein, die Halterung angeklebt und mit Gaffer-Tape fixiert, bis sie trocknet. Da ich an diesem Tag auch auf der Werft im Boot geschlafen habe, machte ich das gleich am Vormittag, um am Abend mein Buch weiterlesen zu können.

So kam es auch: Abends ging ich in die Koje, nahm das Gaffa Tape ab, steckte die Lampe an und las noch eine Weile. Als ich morgens aufwachte, war ich immer noch so froh, diese Lampe zu haben, das ich gleich nochmal nach meinem Werk schaute. Und was sah ich? Das Teil war völlig schief! Das ist für jemanden, der sehr oft auch mit Grafiken und Fotos arbeitet das allerschlimmste, noch schlimmer als Damp! Was war geschehen? Ich hatte wohl etwas zu wenig Härter genommen und so dauerte der Klebevorgang nun wesentlich länger. In der Nacht rutschte dann die Halterung durch das Gewicht der Lampe noch etwas, bevor es dann für alle Zeiten fest mit dem Schott verbunden war. So hatte ich also die Ewigkeit n eine schiefe Lampe im Vorschiff.

Im vergangenen Jahr habe ich meinen Jollenkreuzer komplett gerefittet. Das gesamte Vordeck war morsch und so musste ich sehr viel laminieren. Ich hatte davor keine Angst, nur das Anmischen des

Epoxy bereitete mir im Vorfeld etwas Sorge. Wenn ich da Fehler mache, merke ich das irgendwann später und das bedeutet dann sehr, sehr viel Arbeit. Da ich Helge von der Linden sehr gut kenne, rief ich ihn also vorher an, bestellte Material wie Lacke, Rollen, Dichtungsmasse und natürlich Epoxy. Und siehe da - es gibt ein sehr kluges Produkt dazu: das Pumpensystem von West Systems. Dabei kommt sowohl mit Harz und Härter je eine Pumpe, die genau das exakt richtige Mischungsverhältnis herstellt. Tipp: Auch wenn man viel anmischen will, immer im Wechsel je einen Pumpstoß Härter und dann Harz abwechselnd in den Mischbecher füllen. Denn dann hat es keine Folgen, wenn man sich mal verzählt.

Und für das kleine Kleben gibt es auch was Tolles, günstiges:

## 53. Discounter-Epoxy

Sicher kennen Sie diese kleinen Epoxyspritzen. Die gibt es sogar in Supermärkten. Ich liebe das, um man kurz was anzukleben oder Reparaturen ohne viel Aufwand vorzunehmen. Blöd ist allerdings, dann man diese Spritzen meistens nur einmal nutzen kann. Die Spritzen haben zwei Körper, einen mit Epoxy, der andere mit Härter. Spritz man das Zeug nun durch die aufgesetzte Tülle, vermischt sich alles und klebt hervorragend. Nur ist die Tülle danach hinüber, wenn man nur ein klein wenig davon braucht.

Im Yachtzubehörhandel habe ich zum ersten Mal solch eine Spritze gekauft, für weit über 10 Euro. ich meine, es waren 15,90. das ist für einmal kleben echt viel Geld.

Preiswerter findet man das in großen Supermärkten auf der grünen Wiese. Denn Pattex (oder wars Uhu?) bietet diese Spritzen auch an, und zwar unter 10 Euro.

Aber noch besser ist Action. Kennen Sie Action? das ist ein holländischer Discounter, der alles Mögliche verkauft, von Babywindeln bis Werkzeug. Man findet diese Läden meistens in größeren Städten. Dort gibt es diese Spritzen weit unter 5 Euro. Ich habe davon gleich 20 gekauft und mich damit eingedeckt.

Übrigens ist mein Boot mit ziemlich viel Zeug von diesem Discounter ausgestattet, so zum Beispiel mein Bordwerkzeug. Außerdem Lampen, Schüsseln, USB-Kabel, Bluetooth-Lautsprecher und solchen Kram. Action mag ich echt sehr und dort kann man sich sehr günstig Sache fürs Boot holen.

Wo es diese Läden gibt, sagt das Internet: action.com

## 54. Leine werfen

Es gibt nichts besseres, als eine Leine über fünf oder auch zehn Meter über einen Dalben werfen zu können. Ich habe diesen Trick schon mal in einem Buch über das Einhandsegeln erklärt. Er ist nicht neu, aber es gibt etwas dabei zu beachten. Aber zunächst zur Wurftechnik selbst:

Zunächst benötigt man eine griffige, weiche und möglichst schwere Leine. Je schwerer, desto besser. Und lang sollte sie sein. Für einen zehn-Meter-Wurf braucht man eine 30 Meter lange Leine. Diese schießt man sauber auf und teilt die aufgeschossenen Buchten sauber in zwei Bündel, eines rechts in die Hand, das andere links. In der Mitte ausreichend Leine berücksichtigen, ich wickle meistens zwei Buchten ab. Wichtig ist es, dass beide Enden fest sind, sonst wirft man ja die gesamte Leine weg. Ich stelle mich immer mit beiden Füßen auf je ein Ende oder mache eines bereits irgendwo fest. Manche schleudern nun nur eines der Bündel weg, das halte ich für schwieriger. Ich mache es so: Ich richte mich gerade zu dem zu bewerfenden Objekt, also in der Regel dem Dalben aus und nehme dann beide Bündel und schwinge erst einmal zur Probe durch. Ordentlich von hinten nach vorne hoch durchschwingen und schauen, ob die Leinenenden lang genug für den Schwung sind. Passt das, dann schwinge ich ein wenig an, dann stärker und dann werfe ich die Bündel V-förmig von mir in Richtung des Dalbens. Und nun kommt der eigentliche Tipp, sollte dieser Trick schon bekannt sein. Ich sehe, wenn ich Leute so werfen sehe, immer, dass sie die Wurfleine in großen Buchten aufgeschossen haben. Das halte ich aus meiner Erfahrung für schwieriger. Kleine Buchten sind das Zauberwort. Ein gleiner Gummiring lässt sich ja auch viel besser und genauer werfen als ein Hula-Hoop-Reifen, oder? Mit in kleinen Buchten aufgeschossenen Leinen klappt dieser Wurf immer beeindruckend gut. Außerdem kommt es beim Werfen auch oft dazu, dass sich die Buchten ineinander vertüdeln und die Leine dann auf dem halben Weg verhungert. Vertüdeln sich nur ein, zwei kleine Buchten, kostet das nicht so viel Leinenlänge.

Ich beherrsche diesen Wurf mittlerweile perfekt. Meiner Frau Anja habe ich die Technik auf der Staande-Mast-Route beigebracht, sie übte fleißig und gut. Als wir dann mitten im Londoner St. Katherine Docks Hafen ankamen, stand ich mit der Vorleine am Bug und sie achtern mit der Leine, während mein Kumpel Jochen das Boot fuhr. Am seitlichen Ausleger angekommen, drückte uns Seitenwind weg und Jochen wollte nochmal neu ansetzen. Wir waren schon ein paar Meter entfernt. In dem Moment dachte ich: "Die Klampe vorn hole ich mir mit nem Wurf." Und Anja dachte wohl exakt das gleiche. Wir warfen ohne Absprache im gleichen Augenblick und - zack - trafen beide in der gleichen Sekunde unsere Klampen. Wir zogen uns ran - fertig. Entgegen meiner sonstigen Gepflogenheit erzähle ich nicht gern solche "Heldentaten" vom segeln. Aber diese muss sein. Warum? Weil in dem Moment, kurz vorm Wurf, ein Liegeplatznachbar zu Hilfe eilte und uns beobachtete. Ein Engländer, die ja als Seefahrernation gelten. Nachdem wir geworfen und getroffen hatten und das Boot sicher am Steg lag, schaute er uns an und sagte: "Holy moly! You germans are good!" Von einem Engländer kommt sowas echt gut.

Also, am besten Zuhause üben und dann im Hafen glänzen.

## 55. Affenfaustpalstekleine

Manchmal muss man mit einer Leine nicht einen Dalben fangen, sondern gleich einen ganzen Steg. Zum Beispiel, wenn man in einer langen Box einparkt und nach dem Belegen einer oder beider Achterleinen noch einen langen Weg nach vorn vor sich hat. Bei kleinen Booten habe ich oft mit dieser Leine gearbeitet, wenn mir zum Beispiel starke Strömung oder gar Seitenwind das Leben erschweren. In solchen Fällen parke ich den Kahn erst mal an den Heckdalben und kümmere mich zunächst nicht drum, nach vorn an den Steg zu kommen. Dann tüdel ich erst achtern die Heckleine über den Dalben, nachdem ich das Boot stabilisiert habe. Zur Not kann man die Vorleine auch um den anderen Heckdalben legen. Dann hängt man quasi erst einmal hinter der Box, hängt aber sicher und es kann nichts passieren. Nun kommt meine Zauberleine zum Einsatz. Ich habe dazu eine dünne (6 mm), sehr lange Leine genommen. Ich hatte von meinem Parasail (da komme ich noch zu) 15 Meter Leine übrig, eine schöne Liros Magic, mit Dyneema-Kern. Es muss aber nicht so etwas Teures sein.
In diese Leine habe ich ans Ende eine schöne, schwere Affenfaust geknotet. Und zwar nicht ganz ans Ende, sondern am Ende noch so viel Leine übrig gelassen, dass ich danach eine große Palstek-Schlaufe eingeknotet habe. Die Affenfaust sind also mitten auf der Palstek-Schlaufe. Übrigens: Eine Affenfaust ist verboten, wenn man zum Beispiel eine schwere Stahlkugel, Mutter oder einen Stein einarbeitet. Das fällt unters Waffengesetz. Das ist mir aber Schnurz, denn ich bewerfe damit ja niemanden. Aber nun wissen Sie das und daher rate ich dringend, nichts einzuknoten ;)

Diese Leine kann was! Nun hänge ich ja da an den Dalben, niemand in Sicht (besser ist das…) und muss nach vorn. Die Leine wird also aufgeschossen und das Ende des schweren Palsteks mit Affenfaust baumelt dann unten an den aufgeschossenen Buchten. Wie man generell eine Leine wirft, muss ich Ihnen sicherlich nicht mehr erklären. Jedenfalls schleudere ich das Bündel einfach Richtung Steg, am besten darüber hinaus werfen. Diese Leine hängt sich garantiert irgendwo auf. Entweder bleibt die Faust in einem Spalt zwischen den Bohlen oder der Palstek an einer Klampe hängen. Falls nicht, das Ganze nochmal machen. Mehr als drei Mal habe ich dazu niemals gebraucht.

Nun habe ich also eine stabile (durch kräftiges Ziehen prüfen) Leinenverbindung zum Steg und kann mich ganz easy nach vorn ziehen.

Aber bitte aufpassen. Diese Sache wirklich nur anwenden, wenn niemand in Sicht ist. Außerdem sollte man stets prüfen, wo sich die Leine verhakt hat. Nicht dass die irgendwo an einem anderen Boot hängt. Oder gar an der Stromsäule.

Aber funktionieren tut das, ganz sicher.

## 56. Farbenspiele mit Antifouling

Ein Tipp für Freunde des sogenannten Weich-Antifoulings. Selbsterodierendes Antifouling ist ziemlich praktisch. Bei Regattaseglern verpönt, weil es Geschwindigkeit kosten soll, ist es beim reinen Fahrtensegler umso beliebter, weil es einfach zu verarbeiten ist und man es ohne Weiteres jedes Jahr einfach auf den alten Anstrich drüber pinseln kann. Die Frage ist aber: Ist das immer nötig?

Oft ist mehr von dieser Schutzschicht auf dem Boot, als man sie braucht. Das allerdings kann man im Winterlager ja nicht riechen, so dass dann oft einfach nach dem Motto "viel hilft viel" neu getüncht wird. Das kostet allerdings Zeit, Geld und für die Umwelt ist zu viel von diesem Zeug ja auch nicht immer gut. Aber wie stellt man fest, ob der Anstrich vom Vorjahr noch reicht oder nicht? Ganz einfach: Es gibt diese Antifoulings ja in vielen Farben. Wenn man nicht jedes Jahr die gleiche Farbe nimmt, dann sieht man im Folgejahr, wo die Schicht dünn geworden oder gar nicht mehr vorhanden ist. Oftmals reicht es dann, nur dort, wo sie dünn runtererodiert ist, nachzustreichen. Meistens ist das an der Bugsektion, der vorderen Kielfinne und dort, wo das Wasser sonst noch stärkeren Druck ausübt. Streiche ich jedes Jahr das gleiche mittelgrau, dann sehe ich das nicht. Streiche ich aber im Wechsel zum Beispiel mal grau, dann wieder schwarz, kann ich genau prüfen, wo der Schutz noch gegeben ist und wo nicht.

Manchmal treten die Abnutzungen auch da auf, wo man das nicht glaubt. Bei mir war es in diesem Herbst so, dass die Backbordseite sehr runter war, während die Steuerbordseite noch ein Jahr hält. Woran das liegt? Nun, ich liege an der Havel in einem fließenden Gewässer und im vergangenen Jahr war ich nur wenig unterwegs. Die Havel trifft auf Backbord und trägt dort allmählich die Beschichtung ab. Das weiß ich nur, weil ich eine andere Farbe drauf hatte.

## 57. Bord-PC

Der PC darf an Bord ja nicht fehlen. PCs mögen allerdings die Seefahrt nicht so gern. Denn weder salzhaltige und feuchte Luft, noch starke Erschütterung gehören zu den Hobbys von Notebooks. Schon gar nicht, wenn sie beim Schwell des extra nah vorbei rauschenden Motor-Eimers vom Navitisch oder von der Salon-Sitzbank fliegen.
Nachdem ich mir mal ein sündhaft teures MacBook pro geschrottet habe, habe ich umgedacht.
Nun, mittlerweile bin ich ganz von Mac weg, warum das ist eine andere Geschichte, aber auch selbst wenn ich daheim noch mit Apple arbeiten würde, wäre das nun meine Lösung. Und die ist einfach: Refurbished Think-Pads.
Think-Pads können sehr viel ab. Im Salon mal von der einen auf die andere Seite fliegen ringt ihnen ein müdes Lächeln ab. Auch Feuchtigkeit macht den meisten Modellen nicht viel aus. Think-Pads sind allerdings auch recht teuer. Aber auch nur dann, wenn man sie neu kauft. Da diese Notebooks in der Industrie sehr weit verbreitet sind, bekommt man sie jedoch für den kleinen Taler. Und zwar, wenn man nach generalüberholten Think-Pads googelt. Es gibt zig Anbieter, die diese auch gebraucht immer noch leistungsstarken und dann preiswerten Rechner "refurbished" anbieten. Ich habe fürs zu Hause arbeiten ein sehr schnelles und auch teures Notebook, auf dem Boot indes benutze ich einen fünf Jahre alten Leasingrückläufer, der in der Produktion von Volkswagen, wie ich vom Händler erfuhr, seinen Dienst tat. Vielleicht musste er Abgaswerte manipulieren, da ist die Arbeit auf dem umweltfreundlichen Boot ein gutes Ausgleich. Er tut, was er soll: er navigiert, schreibt Mails, surft im Internet, speichert Fotos von der Drohne auf die externe Festplatte, nervt nie rum und ist sehr robust. Wenn er mal kaputt gehen sollte, weil ich mal wieder eine neue Manövertechnik ausprobiere und sie völlig versemmle, dann ärgere

ich mich zwar, aber werde nicht arm. Und ich glaube, nach allem, was der (Hinweis: Hund an Bord!) so mitgemacht hat gar nicht, dass der mal kaputt geht.

## 58. Mein Lieblingssegel

Als ich 2002 an einem Spätsommertag an Bord der Etap das lange Stück von Warnemünde nach Hiddensee vorm Wind fuhr, war ich abends nicht begeistert, obwohl das eigentlich ein schöner Segeltag war. Was nervte mich: Ich bin zum ersten Mal unter Spinnaker gesegelt und habe es gehasst! Da der Wind immer mal wieder schralte, musste der Spibaum ständig von der einen auf die anderen Seite geholt werden, dann fiel der Spi wieder ein, dann geigte er - ich fand das schrecklich. Schrecklich im Sinne von: "Boah, nervt das Handling."

2012 kam die Abhilfe: Ein Parasail. Genau, das sind diese Segel mit dem komischen Flügel drin. Allerdings ist der gar nicht so komisch. Ich werde, da es viele Bilder davon gibt und ich noch immer auf der Website vom Hersteller ISTEC zu sehen bin, oft nach diesem Segel gefragt. Kurzes Fazit vorweg: Es ist wundervoll. Ich bestelle mir gerade eines für meinen Jollenkreuzer.

Im Prinzip ist das ein Fast-Ersatz für einen Spi - und einen Gennaker zugleich. Beim Vergleich zum Gennaker muss man jedoch beachten, dass man mit dem Parasail nicht ganz so viel Höhe laufen kann.
Der Hersteller Istec, also dessen Mutterfirma, kommt eigentlich vom Paragliding und ist dort ein sehr hochwertiger Hersteller von Gleitschirmen. Daher kommt auch der Name. Die aerodynamischen (Er-)Kenntnisse wurden dann vor längerer Zeit im Bereich Segeln eingesetzt und daraus resultiert dieses Produkt.
Der eingebaute Flügel gibt Auftrieb und spreizt das Segel sehr schnell und bereits bei sehr wenig Wind, stellt das Tuch sozusagen auf. Das kann man durchaus als "aerodynamische Segellatte" bezeichnen. Daher kann man das Parasail schon bei recht wenig Wind benutzen. Und da dieser Flügel dem ganzen Gebilde sehr viel

Stabilität verleiht, geigt das Segel auch nicht so stark. Einmal gesetzt, kann man es wirklich sehr easy fahren.
Viele werden dann skeptisch, wenn sie von dem 4-Leinen-System erfahren, mit dem das Segel bedient wird. das ist aber ziemlich einfach und damit hat man bei einer Wende oder Halse auch überhaupt keine Scherereien. Man benötigt vier Leinen in mindestens doppelter Bootslänge. Zwei außenliegende Leinen als Schot und zwei innenliegende als Achterholer, die vorn am Bug durchgeführt werden und dann zum Schothorn umgelenkt. Bei einem Manöver benötigt man immer nur zwei dieser Leinen: eine Schot und einen Achterholer. Denn so wandert das Segel einfach vorn am Bug herum und muss nicht von einer Seite auf die andere umgeschotet werden. Das ist in der Praxis wirklich nach einem Mal probieren sehr simpel und macht keinen Stress. Ich fahre das Teil schon seit längerem einhand und es macht echt Laune. Ganz viel besser als ein Spinnaker.
Positiver Nebeneffekt der Öffnung rund um den Flügel: Wenn eine Böe kommt, entweicht viel Druck durch die Öffnung. Von daher kann man das Segel auch dann nutzen, wenn es ab und zu mal etwas mehr pustet. Ein Kumpel und Segellehrer fährt das Parasail noch bei 35 Knoten. Das allerdings wäre mir zu viel. Das muss man wollen. und können. Beides trifft bei mir nicht zu.

Wenn man sich mit solch einem Segel beschäftigt, sollte man auch diesen Bergetrichter in Betracht ziehen. Damit ist das Setzen und Bergen direkt aus der Tasche auf dem Vordeck eine flinke Sache. Die Schothörner und Lieken sind farblich in grün und rot markiert, so dass ich das Segel in der Tasche anknote und dann am Spifall hochziehe. Dann einfach die Bergeleine ziehen und schon läufts. Ich habe das Segel schon oft benutzt, wenn ich auch nur drei oder vier Seemeilen vor mir hatte, beispielsweise in Schleswig vom Ankerplatz zurück zum Hafen. Das hätte ich mir einem Spi niemals gemacht, weil es mir zu viel Getüdel wäre.

Ich bin übrigens nicht der einzige, der dieses Segel liebt. Man muss nur mal bei Youtube danach suchen und findet dann ziemlich viele Eigner, die mit Begeisterung von diesem Segel sprechen. Vor allem Transatlantik hört man immer wieder, dass die Leute damit komplett ohne es einmal zu bergen, über den Teich brezeln. Bei solch langer Belastung sollte man übrigens das Fall immer mal wieder etwas dichter holen und dann wieder ein wenig fieren. Denn wenn so ein Fall drei oder vier Wochen immer oben an der gleichen Stelle auf der Umlenkrolle schamfielt, kann es auch mal brechen. Daher sollte man die Belastung verteilen.

Ach, und noch etwas: Istec war bei der Produkteinführung zwar mit einem tollen Segel am Start, es wurde aber ein Fehler gemacht: Der Markenname wurde nicht geschützt. Deshalb gibt es einen zweite Firma, die sich so nennt. Hauptsächlich kennt man die vom Ölzeug. Diese Firma Parasail macht auch Segel und nennt sie so, aber die haben nichts mit dem Original zu tun. Das ist dieses Teil mit diesen Löchern drin, die wie Eierbecher aussehen. Meiner Meinung nach ist das aerodynamisch gesehen ein sehr kapriziöses Teil. Im Prinzip ein Gennaker mit Löchern drin. Die ganzen Vorteile des Parasails hat dieses Teil nicht.

## 59. Fallentaschen ohne Fallen

Fallentaschen nutzt man ja immer nur dann, wenn man nicht segelt und die Fallen darin verstaut. Ich habe zwar immer Fallentaschen im Cockpit, aber da sind nie Fallen drin.
An Bord hat man ja ziemlich viel Zeug, welches man unterwegs je nach Situation immer mal wieder braucht. Taschenlampe, Fernglas, Segelmesser, Wurfleine, Getränkeflasche und und und. Manche Boote haben für solche Dinge Schwalbennester, andere verstauen das Zeug in den Schapps unter Deck.
Dumm nur, wenn sich dann das Gennakerfall verklemmt und man schnell die Leine kappen muss. Dann laufe ich erst unter Deck, suche das Messer und bis dahin bin ich schon längst gekentert oder gegen eine vorbeikommende Fähre gebrezelt. Ich greife dann einfach in die Fallentasche und hab das Teil dann direkt am Mann. Bei mir sind das die "Für-alle-Fälle-taschen". Und - siehe Punkt 1 dieses Buches - ich habe immer, wirklich immer Ordnung im Cockpit.

Nun gibt es ja viele dieser Taschen, die metallene Ösen besitzen, damit man sie am Schott oder irgendwo anders anschrauben kann. Böser Fehler! Merke: Mache nie unnötige Löcher ins Boot und falls doch, nutze den nächsten Tipp. Ich kaufe mir entweder die Taschen, die man mit Klettband am Relingsdraht befestigen kann (oder an den Stützen) oder ich nehme eigenes Klettband und führe das durch die Ösen. Was übrigens auch nie dauerhaft funktioniert ist, die Taschen mit Klebe-Klett Tape zu befestigen. Sobald da mehr drin ist als nur ein kleines Fall, geht das Tape ab und man hat diese hässlichen Stellen auf dem GFK.

## 60. Saubere Löcher

Sollte man doch mal auf die Idee kommen, ein Loch ins Boot zu bohren, dann macht es Sinn, ein gutes Loch zu bohren.
Wichtig ist es, in jedem Fall einen neuen oder guten HSS Bohrer zu nehmen. Und auf gar keinen Fall beim Bohren Druck auszuüben, nur ganz leicht. Man braucht einfach Geduld.

Und jetzt der Tipp: Damit das Loch nicht ausfranst und eine schöne, glatte Kante bekommt, klebt man vorm Bohren einfach Abklebeband auf die Bohrstelle. Das hat übrigens auch den Vorteil, dass der Bohrer nicht verrutscht.

Übrigens: Nie ein Loch bohren und was reinschrauben, ohne vorher das Loch mit Dichtungsmasse zu füllen. Man kann übrigens auch da sauber arbeiten, in dem man mit Malerband vorher die Stelle sauber kreisrund abklebt. Quillt beim Eindrehen der Schraube was von dem Sika-, Panthera-, oder (mein Favorit) Saba-Zeug über, kann man das mit dem Tape schön sauber entfernen.

Ich musste übrigens, wie ich ja schrieb, mein ganzes Vordeck komplett neu aufbauen und laminieren, weil Herr Schade beim Einbau der Scharniere für das Vorluk vergessen hatte, die Stelle mit Dichtungsmasse auszufüllen. So zog dort jahrelang das Wasser rein und der Holzkern rottete und das Deck delaminierte. Es wird also wirklich sehr oft vergessen. Sogar an meiner nagelneuen Varianta war eine Klemme nicht mit Dichtmasse abgedichtet. Das merkte ich, weil ich sie durch eine bessere ersetzen wollte.

## 61. Nie mehr die anderen beim Klogang wecken

Wer kennt das nicht: Man liegt in der Koje und das Crewmitglied mit der nervösen Sextaner-Blase geht zum sechsten Mal pinkeln. Da die Bodenbretter quietschen und knarzen, wird man dann wach.
Gegen diese Geräusch, die die Bodenbretter machen, gibt es ein gutes Mittel. Das Geräusch kommt nämlich nur selten von den Brettern selbst, sondern eher von den Auflagen oder den Kanten, an denen sie aneinander liegen.
Was also braucht man? Bienenwachs! Damit die Unterseite einreiben und auch die Nahtkanten nicht vergessen. Schon ist Ruhe im Boot.

## 62. Stabiler liegen am Ankerplatz

Mal ein kurzer Tipp zwischendurch. Den habe ich mal auf einem See hier in der Nähe zum ersten Mal ausprobiert und das klappte hervorragend.

An dem Tag haben wir mit Torte recht nah einer Insel geankert und unser Schwojkreis war ziemlich groß. Auch fuhren einen Kilometer entfernt auch nachts immer noch Motorboote und verursachten Schwell. Okay - ich muss gestehen, dass ich danach eine andere Technik angewandt habe, die noch besser funktioniert. Ich lege einfach meinen Mast, um nicht so viel Gewicht oben zu haben. Aber wer kann schon innerhalb einer Minute seinen Mast legen? Da ich vorher immer nur mit Booten unterwegs war, die einen fest stehenden Mast ohne Jütvorrichtung hatten, habe ich an diese Möglichkeit anfangs übrigens auch überhaupt nicht gedacht.
Es geht aber auch anders: Man hat ja an Bord immer so Tücher und kleine Persenninge rumfliegen, also Schanzkleider, Teile vom Cockpitzelt oder ähnliches. Wenn nicht, kann man solche Dinge im Handel auch für kleines Geld kaufen. Der Trick ist nämlich, am Ankerplatz einfach am Achterstag ein kleines Stück Tuch zu setzen, am besten was Dreieckiges. Über eine Umlenkrolle und der Winsch kann man dort leichte Spannung drauf geben und schon hat man so eine Art Stützsegel ohne zu segeln. Das Boot macht damit im Prinzip immer etwas leichte Fahrt achteraus, ohne jedoch voranzukommen, da ja vorne der Anker gesetzt ist.
Aber bitte vorsicht! Echt nur ein kleines Tuch nehmen und in jedem Falle den Anker gut festfahren. Eine Ankerwache (ist übrigens in der NV Chart App enthalten) nimmt auch Sorgen. Und bevor man schlafen geht, würde ich das Tuch immer wieder runternehmen.

## 63. Mastnut reinigen

Wenn das Segel wieder mal schwergängig den Mast hoch und runter wandert, ist oft Salz oder Dreck in der Mastnut. Dumm, dass der Mast jetzt steht. Viele sprühen dann Teflonspray-Dosen leer, aber das hilft oft nur im unteren Bereich der Nut. Man kann sich aber ganz einfach einen Reiniger basteln.

Was man braucht: Ein altes Großsegel mit Tauliek, aus dessen Vorliek, also Tauliek welches man einfädelt, man einfach einen etwa 20 cm langen und vielleicht 10 cm breiten Streifen schneidet und oben und unten ins Tuch eine Metallöse einschlägt, um dort je ein Fall einzuschäkeln. An das Tauliek kann man nun einen weichen Mikrofaserlappen nähen oder mit Epoxy (bitte nur Punkte kleben, sonst bekommt man eine starre Harzleiste) befestigen. Wie gesagt: Freaks nähen das dran. Dann das ganze in die Nut einfädeln, vorher den Lappen in Reiniger und beim zweiten Gang in Teflonspray einweichen. In die obere Öse kommt das Großfall, an der unteren wird eine lange Leine angeschäkelt, um das Ganze wieder nach unten ziehen zu können. Nun kann man das Großfall hochziehen und mit der anderen Leine wieder runter. Bei Bedarf nochmal wiederholen und schon laufen die Mastrutscher wieder viel besser.
Und apropos Mastrutscher:

## 64. Size does matter

Ich habe an meiner Varianta, weil ich einhand unterwegs war, ewig mit Mastrutschern herumgedoktort. Irgendwie fiel das Segel nie so schnell und flutschig in den Lazybag, wie ich das wollte.
Die Mastrutscher passten in die Nut und saßen dort auch locker, aber dennoch sackte das Segel immer nur bis zu einem Drittel durch und den Rest musste ich ziehen.
Nach langem Probieren kam ich der Sache dann gleich doppelt auf den Grund: Die Rutscher verklemmten sich gegenseitig. Ich bemerkte das, weil ich sah, dass die Rutscher sehr zittrig herunter kamen. Ich hab das ganze dann mit 60 Frames mit einer Kamera gedreht und mir das ganze später in Zeitlupe angesehen. Vor allem beim Setzen des Großsegeln sah man, wo das Problem ist. So ein Rutscher hat ja einen "Kragen", also die Führungsplatte dort, wo er aus der Nut ragt. Den Effekt kennen Ältere von uns: Es gab früher diese Holzspecht-Figuren, die an einer langen Metallstange befestigt waren. Den Specht zog man dann die Stange hoch und ließ ihn dann los. Dann wackelte er langsam nach unten. Und genau das passierte mit den Mastrutschern. Dadurch, dass sich immer wieder diese Kragenplatten auf dem Mast kurz verkanteten, bremsten sie den darunter liegenden Rutscher aus und der verkantete auch.
Ich bin dann zu meinem Segelmacher und habe mir dessen Metallring ausgeliehen, an dem die zig verschiedenen Mastrutscher, die es gibt, befestigt waren. Und dann habe ich alle, die passten in Ruhe ausprobiert. Und es gibt echt viele davon: Manche haben keinen Kragen, andere einen abgerundeten, dann welche mit langem Steg und andere mit kurzem Steg. Wenn man mit diesen Rutschern in der Nut herumfährt, merkt man dann jedoch sehr schnell, welche wirklich gut laufen und ob sie stabil sind.
Nachdem ich die Rutscher dann ausgewechselt habe, fiel das Groß wie ein Fallbeil in die Taschen, wenn ich das Fall öffnete. Und auch das Setzen ging in Windeseile und sehr leicht.

Also: Rutscher nicht nach dem Motto kaufen: “Ach, das wird schon passen” sondern wirklich passend zu seinem Mast. Ich habe übrigens die Erfahrung später gemacht, bei der Entwicklung eines neuen Bootes, dass die Empfehlungen der Hersteller des Riggs an die Segelmacher nicht auch unbedingt die allerbesten Lösungen sind. Am besten einfach den Segelmacher fragen und noch besser: ausprobieren.

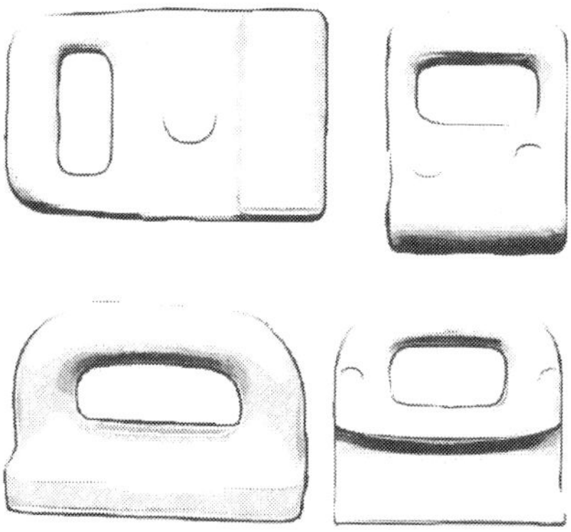

## 65. Ersatzteil-Produzent werden

Ein Segelboot besteht aus sehr vielen Teilen. Das meiste davon kann man nachkaufen, wenn es mal kaputt geht. Aber vieles von dem zeug ist - gerade auf älteren Yachten, von denen ja viele rumfahren - nirgends zu bekommen. Das betrifft vor allem Plastikbauteile wie Lüfterabdeckungen, Schutzkappen und ähnlichem.
Mein Tipp: Selber machen. Und zwar mit einem 3D Drucker. Mittlerweile gibt es diese Drucker für 200-300 Euro und sie sind denkbar einfach zu bedienen.
Das einzige Problem dabei ist, dass man in den Online-Datenbanken keine Mastrutscher, Stagreiter oder Lüftungsblenden findet. Das bedeutet: Selbst machen.
Dazu braucht man ein entsprechendes Programm. Ich bin in der glücklichen Lage, bereits seit 10 Jahren mit Cinema 4D oder 3D Studio Max umgehen zu können. Diese Profi-Programm kosten richtig viel Geld.
Es gibt aber auch Freeware: Zum Download Blender oder - das ist recht einfach zu bedienen: das Online-Programm SketchUp. Mit ein wenig Übung bekommt man das Teil seiner Wahl hin. Und an verregneten Tagen Tutorials auf Youtube zu schauen, ist auch kein Beinbruch.

## 66. Apropos Segelmacher... Der Masttrimm

Boah, was hab ich mir früher den Wolf getrimmt, wenn der Mast gestellt wurde. Wie müssen die Wanten eingestellt werden, damit das Segel einen optimalen Stand hat? Diese Frage trieb mich lange um. Man hört ja immer wieder von der Zollstockmethode, um die Wanten auf einen optimalen Prozentsatz ihrer Bruchlast einzustellen. Diese Methode ist zwar simpel, aber zu einem optimalen Stand des Segels führt sie nicht zwangsläufig.

Irgendwann habe ich mal mit meinem Segelmacher Sven, der die Segelmacherei "Frog Sails" in Schleswig betreibt und gnadenlos gut ist, über dieses Thema gesprochen. Und von ihm zum ersten mal eine wirklich plausible Antwort erhalten. Das mit der Riggspannung stimmt zwar (bedingt) aber man vergisst dabei eines: Sein Großsegel. Sven sagte: "Digger, dein Groß hat ja eine Vorliekskurve. Das Groß kannst du nicht an den Mast anpassen, aber andersherum geht das. Du musst also, wenn die Spannung stimmt, die Mastkurve an die deines Vorlieks anpassen. Danach gehst du erst Mal segeln und dann schaust du dir das wieder an und trimmst nach."
Seither mache ich das so. Zunächst das Rigg spannen, dann im Hafen Groß setzen und dann trimme ich Ober- und Unterwanten so, dass sich der Mast schön an die Kurve es Vorlieks anschmiegt. Seit ich diesen Tipp befolge, steht das Groß wesentlich besser als früher, es treten keinerlei Spannungsfalten oder Sackfalten mehr auf. Der Mann hat recht. Seit ich das weiß, trimme ich den Mast nicht mehr nach Zollstöcken oder Gutdünken. Sondern so, wie er gehört.

## 67. Rumpfhaltegriff

Wieder ist man ein paar Wochen unterwegs und dann sieht man am Steg, dass das Boot am Wasserpass schon wieder völlig verdreckt ist. Eigentlich muss man ja nur mit einem Lappen oder einer Bürste ums Boot herumschwimmen und das Zeug weg machen, aber das ist halt so anstrengend, mit einer Hand zu schrubben und mit der anderen zu schwimmen.
Die andere Möglichkeit ist es, am Ankerplatz mit dem Dingi ums Boot zu fahren und dann den Dreck wegzuwischen. Dann allerdings braucht man entweder zwei Leute oder lange Arme, weil das Dingi ja immer nach hinten fährt, sobald man vorne schrubbt. Also muss dann das Dingi fixiert werden.
Als mein Boot zum ersten mal foliert wurde, kam es gleich ins Wasser und danach kam erstmal ein dreitägiger Sturm aus Osten. Damals lag ich noch in Schleswig und nach zwei Tagen war so viel Wasser in die Schlei gedrückt worden, dass die Stege komplett unter Wasser lagen. Da mein Liegeplatz keinen Schutz vor Schwell hatte, stand ich mit dem Heck komplett in der Welle. Und irgendwann kam dann eine dicke Holzbohle angeschwommen und hat mir einen 10 mal 10 cm großen Flecken Folie aus der neuen Folierung gerissen, direkt an der Seite unten über der Wasserlinie, ziemlich weit achtern. Nachdem der Sturm vorbei war, wollte ich - wie in dem Punkt in diesem Buch beschrieben - die kaputte Folie mit einem Flicken ausbessern. Nun braucht man zum Folieren echt ein wenig Ruhe und zwei Hände. Als ich also im Dingi saß, mit Flicken und Rakel bewaffnet, bin ich fast durchgedreht. Denn immer, wenn ich den Flicken andrücke wollte, fuhr das Dingi vom Boot weg. Natürlich, weil ich mich ja samt Boot wegdrückte. Mit einer Hand war das allerdings nicht möglich.
Hätte ich diesen trick schon früher gekannt, wäre das ein Klacks gewesen. So aber nahm ich zig Leinen und band mich irgendwie

fest. Der Trick ist ganz einfach, egal ob man im Dingi sitzt oder die Arbeiten am Ankerplatz schwimmend verrichtet. Man braucht dazu:

Einen Klostopfer! Auch Pümpel oder Ausgusssauger genannt. Diese Dinger sind nämlich hervorragende Haltegriffe auf Glatten Oberflächen wie Gelcoat. Einfach das Ding ans Boot drücken und schon hat man einen wirklich tollen Haltegriff. Wenn man schwimmend das Boot reinigt, kann man sich daran echt gut festhalten und ohne viel Kraftaufwand im Wasser bleiben.
Hätten die in den "Open Water" Filmen doch nur so ein Teil gehabt. Dann wären sie auch wieder zurück an Bord gekommen….

## 68. Destilliertes Wasser aus der Natur

Diese Flecken auf den Acrylflächen, wie Lukendeckel oder den Bootsscheiben kennt auch jeder. Wenn man die mit normalem Leitungswasser abspült, gehen sie auch nicht richtig weg.
Man braucht aber nur einen schönen Morgen dazu - und Rauhreif. Morgentau auf dem Boot sieht nicht nur immer irgendwie hübsch aus, man kann es auch zum Reinigen benutzen. Denn Morgentau ist destilliertes Wasser und damit lassen sich Flächen wirklich fleckenfrei säubern.
Also einfach zwischen dem ersten und zweiten Kaffee einfach einen sauberen Microfaser-Lappen nehmen und den Morgentau wischen.
Und weil saubere Boote ja Freude machen, kommen nun ein paar Tipps zu diesem Thema:

## 69. Kleberesten den Ofen ausmachen

Als ich mit meiner Varianta damals zu allen Messen eingeladen wurde, war das immer ein stetiges auf- und abbauen. Mast stellen, legen, verpacken, transportieren, auspacken stellen, legen usw.
Ich hatte zum Glück immer viele helfende Hände, weil der Abbau ja immer schnell gehen muss. Dann wurden die Leinen am Mast gern auch mal mit Paketband befestigt, wahlweise auch mit anderem Tape. Jedesmal beim Entwirren der Strippen und beim erneuten Aufbau des Bootes fand ich dann neue Kleberückstände auf GFK und Mast. Es sah furchtbar aus.
Man kennt das ja: vor allem diese Kleberückstände sind hartnäckig und man hat ja nicht immer die Möglichkeit, schnell mal Aceton zu besorgen. Und Reinigungsbenzin stinkt so.

Es gibt aber ein mittel, das man wirklich in jedem Tante-Emma-laden bekommt und welches sehr wirksam und schnell solche Rückstände beseitigt: Ofenreiniger. Ja, ernsthaft. Ofenreiniger macht Klebezeugs weg. Übrigens auch Farbreste, wenn man mal wieder gekleckert hat. Und das Schöne: Ofenreiniger ist sehr sanft zum Gelcoat und beschädigt es nicht.

## 70. Sauer macht lustig und sauber

Noch was zum Thema putzen. (Ich hätte nie gedacht, mal Putztipps in einem Buch zu geben, aber wir Segler lieben ja strahlende Flächen).

Vergilbte Stellen auf Gelcoat sind ja auch immer sehr unschön. Da sieht jedes noch so schöne Boot schnell wie ein alter Seelenverkäufer aus. Das Zeug bekommt man aber ziemlich leicht runter, und zwar mit Zitronensäure! Damit entkalkt man ja auch seine Kaffeemaschine oder den Wasserkocher. Das geht wirklich gut damit. Man sollte das Gelcoat hinterher aber gleich wieder polieren.

## 71. Da ich ja gerade über Farbreste schrieb

Auch wenn die Menschheit technisch immer weiter kommt, so gibt es Dinge, die ich bis heute nicht verstehe. Zum Beispiel diese Ränder an Farbdosen, oben, da wo der Deckel drin sitzt. Egal ob man mit Pinsel direkt aus der Dose arbeitet oder den Lack in eine Lackierwanne umfüllt - es bleiben immer Farbreste in der Nut und sobald man den deckel wieder drauf drückt, laufen sie über und an der Dose herunter. Und schon landet die Farbe an Deck oder in der Hand oder wo auch immer.

Man braucht aber gar keinen technischen Fortschritt, um dieses Problem zu beheben, sondern nur einen Hammer und einen kräftigen Nagel. Denn man muss in diese Nut einfach nur in N-S-O-W kompassrosenartig vier Löcher schlagen und schon läuft die Farbe einfach zurück in die Dose. Wenn der Deckel drauf kommt, ist das Ganze auch wieder dicht.
Ich bin mal gespannt, wann ein Farbenhersteller auf diese Idee kommt.

## 72. Mal wieder ein Manövertipp

Wie ich schon schrieb, ist in Kappeln auf der Schlei oftmals eine echt heftige Strömung. Und zwar je nach Windrichtung und je nachdem, was die nahe Ostsee gerade so treibt, entweder in die eine oder die andere Richtung.
Wenn man in dieser Strömung an der Mittelbrücke längsseits liegt und die Strömung einen auf die Brücke drückt, wird ablegen echt nicht mehr spaßig. Außer, man arbeitet mit einer langen, auf Slip gelegten Leine. Das funktioniert bei fast jedem Boot - je breiter der Hintern, desto besser.
Diese Technik kann man übrigens natürlich auch anwenden, wenn man durch Seitenwind an den Steg gedrückt wird und ablegen will.
Man belegt ein Ende der Leine einfach an der achteren Klampe auf der Seite, die vom Steg abgewandt ist. Dann führt man sie achtern zum Steg, dort um einen Poller, eine Klampe oder einen O-Ring und wieder zurück an Bord.
Dann startet man die Maschine und legt das Ruder - Achtung - zunächst zu Seite, in die man gar nicht will, also hin zum Steg. Gibt man nun kräftig Schub, bewegt sich das Heck vom Steg weg. Hat man einen ausreichenden Abstand (Fender am Heck sind keine schlechte Idee) dann holt man die Pinne einfach langsam rüber und beobachtet, wie die Bugspitze nun vom Steg weg wandert. Es kommt natürlich immer auf die Situation an und auf das Boot, aber in der Regel ist eine neutrale Ruderstellung oft erfolgreich. Dreht der Bug sich nun weg, legt man Ruder ganz rüber, also weg vom Steg und wartet, bis das Boot sich weiter um die Heckleine ganz vom Steg wegdreht. Man kann dabei schon etwas - aber nur wenig - Leine Geben, um mehr Abstand vom Steg zu bekommen. Dann Leine lösen und losfahren. Bitte in jedem Falle drauf achten, dass die lange Leine nicht in die Schraube kommt. Sonst ist man schnell wieder am Steg.

## 73. Matratzenbelüftung

Unter den Matratzen in den Kojen sammelt sich ja sehr gern Feuchtigkeit. Auf manchen, vor allem größeren Booten liegen Lattenroste drunter. Aber auf Kleinkreuzern und vielen anderen Yachten liegt die Matratze einfach so auf dem GFK. Es gibt da sehr teure, aufwändige und textile Lösungen. Ich mache das mal wieder mit Baumarktmaterial, und zwar mal wieder mit Rohrisolierungen. Die kann man sich zuschneiden, sie klappern nicht, sind ewig haltbar und kosten nur wenig Geld. Die lege ich in Bögen, also ein wenig so wie beim Kartoffelstampfer, fixiere sie mit Gaffa-Tape und dann kommt die Matratze drauf. Das reicht meistens, um genügend Belüftung von unten zu erzeugen.

## 74. Halsen bei viel Wind

Ich habe das Segeln nie auf Jollen gelernt. Daher habe ich den Begriff der “Jollenhalse” erst gehört, als ich mal für einen Ausbildungsfilm Manöver gedreht habe. Damals habe ich mich gefragt, was das besondere dabei ist, weil ich das schon immer so gemacht habe. Ich komme jetzt dazu:

Bei wenig Wind ist eine Halse ja unproblematisch. Man dreht den Hintern des Bootes durch den Wind, holt die Fock über. Und natürlich den Baum, in dem man die weit aufgefierte Großschot einfach auf die andere Seite zieht. Und dieses shiften ist genau das Problem. Bei viel Wind kommt der Baum sehr schnell über - das bedeutet immer ein wenig Gefahr für den Kopf, dazu belastet es das Rigg und die Beschläge schon recht arg.

Als Einhandsegler braucht man diesen Stress nicht, schon gar kein Gebrassel. Ich fahre Halsen bis zu einer bestimmten Windstärke. Ist mir das zu viel und auch zu viel Welle, ziehe ich eine simple und sichere Q-Wende vor. Die 30 Sekunden Zeitverlust sind mir egal - ich bin ja nicht auf der Flucht.
Ansonsten - und ich wusste das ehrlich nicht - fahre ich eine Jollenhalse. Das heißt: Ich hole vor der Halse die Großschot komplett dicht. Danach kümmere ich mich um Pinne und Fock und dann öffne ich die Großschot wieder und fiere das Segel auf.
Das ist wesentlich schonender. Für Mensch und Maschine.

## 75. Mit Planen planen

Seit einigen Jahren habe ich meine Boote immer im Außenlager stehen. Das spart viel Geld und sobald das Wetter im Frühjahr wärmer wird, habe ich immer noch genug Zeit für meine Arbeiten.
Nach dem Auswassern verpackt man das Boot idealerweise unter einer Persenning oder einer großen LKW-Plane, so wie bei mir.
Nun ist es ja häufig so, dass im Herbst die Zeit der Stürme ist und dann diese Planen ziemlich wild werden, wenn das Boot vom Wind gepackt wird. Deshalb spannt man in der Regel diese Planen auch recht fest und zurrt und zerrt so lange, bis sie nicht weg flattern können. Allerdings bewegen sie sich auch dann noch, wenn man das ganze Gebilde ordentlich abgespannt ist. Und nicht selten scheuern die Planen vor allem an den Relingstützen gern mal durch.
Dagegen kann man sich absichern, in dem man alte Tennisbälle mit einem Cuttermesser einritzt und diese auf die Enden der Relingstützen steckt.
Dort, wo die Reling auch in der Horizontalen aus Edelstahlrohren besteht, lege ich einfach diese Rohrisolierungen aus dem Baumarkt auf und fixiere sie mit Kabelbindern.
Kleiner Tipp: Mittlerweile lasse ich meine Persenning hinten offen. manchmal ist es wirklich besser, wenn Wind sich seinen Weg bahnen kann, als überall dran herumzuzerren. Positiver Nebeneffekt ist, dass das Boot auch innen immer trocken bleibt, weil es belüftet ist. Ich mache über den Winter den Niedergang auch gar nicht zu, sondern freue mich über eine gute Belüftung auch unter Deck. Stockflecken habe ich seitdem nicht mehr.

## 76. Durchgenudelte Schrauben

Ich weiß gar nicht, warum Torx-Schrauben erst seit Kurzem so breit erhältlich sind, auch in rostfreiem VA4. Die haben den großen Vorteil, dass sie sich nicht abnudeln. Noch schlimmer ist es an Bord meines Jollenkreuzers, der voll mit Schlitzschrauben war. In den DDR-Achtzigern scheint es noch kein Kreuzschlitz gegeben zu haben, von Torx ganz zu schweigen. Ich kaufe nichts anderes mehr als diese sternförmigen Schraubenköpfe. Selbst bei meiner Deckenerneuerung habe ich die Sperrholzplatten unter dem späteren Epoxy-Laminat mit Torx angeschraubt, obwohl ich dort vermutlich nie wieder eine Schraube lösen werden muss.
Aber auch im Werftbau sieht man noch immer fast nur Kreuzschlitz. Und die haben halt das Problem, dass sie leicht kaputt gehen. Wenn die Schraube dann hoffentlich noch mit Dichtungsmasse eingeklebt wurde, dann wird es oftmals sehr schwer, sie rauszudrehen. Dann behelfen sich manche nur mit Bohren oder schwerem Gerät. Braucht man aber nicht.
Ein einfaches Einmachgummi kann hier Wunder bewirken. Einfach das Gummi auf den ausgeleierten Schraubenkopf legen und dann den Schraubenzieher (am besten von Hand schrauben!) fest aufdrücken und langsam drehen. Hilft fast immer, weils Grip bringt.

## 77. Mittel gegen Kopfschmerzen

Und? Schon mal nen schönen Metallschäkel an den Kopf bekommen, wenn man mal wieder auf dem Vorschiff stand und einem dann das Schothorn gegen die Schläfe geknallt ist? Ich finde, Metallschäkel zum Anschlagen der Schoten an die Fock oder Genua gehören verboten. Weil es gefährlich für Mann und Material ist.
Ich nehme dafür nur noch einen schönen, robusten Softschäkel. Ich habe sogar auf meiner vorherigen Kiste Softschäkel statt Stagreiter benutzt. Ich liebe Softschäkel. Am besten, wenn man sie sich selbst macht. Dyneema gibt es als Rollenware bei Alibaba oder Wish mit Glück sehr günstig. Hab gerade für dieses Buch nachgesehen (Dyneema-Rope) und 30 Meter 6mm graues Dyneema für 16 Euro gefunden. Hatte aber auch schon mal eine 50 Meter Rolle 4 mm für 50 Euro. Das ergibt mehr Softschäkel, als man jemals brauchen wird. Und Spleißen lernen ist auch nicht das schlechteste.
Jetzt müssen Sie nur noch wissen, mit welchem Knoten man die Fockschot an dem Schäkel befestigt. Aber dafür gibts ja eigene Bücher. Ich nehme den Prusikknoten, der geht schnell und den kann man sich auch merken.

## 78. Kollisionsverhütungsregel Nr.1: Nicht kollidieren!

Ich kannte mal einen Segler (also, ich kenne ihn noch immer, aber habe ihn aus den Augen verloren), der mir immer sehr stolz von seinen Begegnungen mit anderen Schiffen erzählte und dabei die KVR wirklich wortgenau aufsagen konnte. Er funkte auch gern mal die Berufsschifffahrt an, dass er doch unter Segeln fährt und der Frachter bitteschön seinen Kurs ändern solle. Schließlich macht die KVR ja keinen Unterschied bei der Bootsgröße, so sagte er immer. Ich habe darüber ehrlich gesagt noch niemals nachgedacht. Ich bin da irgendwie anders. Kommt ein Frachter auf Kollisionskurs, drehe ich natürlich frühzeitig ab. Ich segle zum Spaß herum - der Frachter oder welches Berufsschiff auf immer - macht das beruflich. Ich persönlich finde, dass das einen Unterschied macht. Mir ist es egal, ob ich um 17.00 Uhr oder um 17.28 Uhr im Hafen festmache.

Sicher: Die KVR sollte man schon kennen. Sie macht auch Sinn. Sie macht aber nur dann Sinn, wenn alle sie kennen. Und viele haben das nicht so im Kopf. Und so segeln dann zwei Yachten ineinander, die denken, dass sie kurshaltepflichtig sind. Sowas kommt ja immer wieder vor.

Was also tun, falls einem ein anderes Boot in den Weg fährt und die Deckpeilung ergibt, dass man, wenn man den Kurs so beibehält, kollidieren wird. Die Lösung lautet: Eindeutige Manöver fahren. Soll heißen, ich ändere meinen Kurs sehr deutlich. Nicht fünf oder zehn Grad ("Ach, das wird schon passen!"), sondern wirklich so, dass der andere sieht, dass ich abdrehe. Denn genau das ist Entscheidend. Es geht nicht um einen selbst, sondern um den anderen. Wenn man den Kurs nur leicht verändert, sodass man knapp aneinander vorbei fährt, kann es sein, dass der Gegner das nicht wahrnimmt und auch leicht ändert. So lange, bis beide aufeinander fahren. Darum geht es mir in diesem Hinweis: Bitte deutliche, beherzte Kursänderungen vornehmen. Und nicht so

deutlich, dass man sie selbst bemerkt, sonder so deutlich, dass der andere sie eindeutig bemerkt. Und das Ganze am besten sehr früh machen, nicht erst, wenn man denkt, dass es gleich knapp werden könnte.
Ein anderer Freund, den ich sehr gut kenne, ist Fregattenkapitän gewesen. Der sagt mir auch immer das Gleiche: Knapp wurde es immer dann, wenn er nicht genau wusste, was das Sportboot da gerade macht. Fährt jemand einen eindeutigen Kurs, ist die Sache klar - und ungefährlich.
Ich komme wieder auf den Segler zurück, den ich hier am Anfang des Kapitels erwähnte. Irgendwann rief er mich im schönen Spätsommer an einem schönen Tag an und erzählte von einer - ach guck! - Kollision und einem ziemlich großen Schaden am Rumpf und am Rigg. Er war mit einem anderen Segler kollidiert und er war nicht schuld. Bis zum Schluss hat er auf seine Kurshaltepflicht gepocht "auch wenn ich schon sah, dass der andere das wohl auch machte und die KVR wohl falsch auslegte." Das Manöver des letzten Augenblicks haben beide dann in die gleiche Richtung gefahren. Die Versicherung bezahlte den Schaden zwar, aber er war ziemlich sauer, dass seine Segelsaison für dieses Jahr beendet war. Meine Antwort: "Wenn du, als du das gesehen hast, zwei Minuten vorm Aufprall Deine Pinne nur ein bisschen weggedrückt oder herangezogen hättest, könntest du bei diesem schönen Wetter segeln. Nun hattest du zwar recht, aber dafür hängst du den Rest des Sommers zu Hause in der Bude rum."

## 79. Nie mehr ausrutschen

So ein frisch lackiertes, poliertes und glänzendes Deck hat schon was. An nassen Tagen jedoch habe ich mir meines auf der Varianta - trotz der runden Noppen in der Struktur - zweimal aus der Nähe ansehen können - beide male liegend und einmal schmerzhaft. Und beide Male ungewollt. Ich bin nämlich trotz guter Schuhe ausgerutscht. Danach hatte ich die Nase voll vom rutschigen Deck.

Auf der Etap waren diese unglaublich rutschsicheren TBS-Beläge an Deck, da stand ich immer sehr sicher auf dem Vorschiff. Irgendwann waren die aber sehr unschön geworden. Neue TBS Beläge kamen nicht in Frage, weil das Entfernen der alten Beläge, die eingeklebt sind, eine große Sauarbeit bedeutet und wenn man das machen lässt, geht das in die Tausende.

Ich hatte dann die Idee, diese Beläge einfach zu streichen. Mit einer Antirutschfarbe. In einem Forum informierte ich mich und bekam den Tipp, es mit einem 2-Komponenten-Antirutschlack zu versuchen, der wäre "super". Ich kaufte das Zeug und probierte es dann im Hafen gleich aus. Was soll ich sagen? Eine absolute Katastrophe! Es war kaum zu verarbeiten, trocknete viel zu schnell und es war nach kurzer Zeit zäh wie Bitumen. In mühsamer Arbeit habe ich Tage später alles wieder runter geschliffen. Zum Glück habe ich das früh bemerkt und so war nur ein Belag damit verhunzt. Am nächsten Tag hab ich das Zeug wieder runter geschliffen, was eine echte Sch...arbeit war.

Ein paar Wochen später war ich zu Gast bei der Firma International, bei der ich einen Beitrag drehte. Und die haben auch Antirutschfarbe, in 1K. Nennt sich Interdeck. Und das Zeug kann echt was! Die TBS-Beläge sahen damit wieder Bombe aus und sie sind es noch heute, weil alle 3-4 Jahre nachgestrichen wird. Das dauert einen halben Tag.

Ich erinnerte mich also für meine Varianta wieder an diesen Lack und kaufte sofort zwei Dosen in mittelgrau. Da ich die TBS-Beläge, die als größere, abgerundete Flächen aufgebracht waren, immer optisch sehr gern mochte, habe ich die Interdeck-Farbe auch einfach so aufgetragen. Also große Bereiche abgeklebt, wie Beläge und dann gestrichen. Das Boot sah danach viel schöner aus als vorher. Und ich bin nie wieder auf dem Boot ausgerutscht.

Dann bekam ich Torte. Ein Jollenkreuzer mit weiß lackiertem Deck. Noch bevor ich das Boot zu Wasser ließ, stand ich wieder an Deck und habe einzelne Bereiche mit der Interdeck-Farbe lackiert. Wieder in mittelgrau und beim Abkleben der Flächen immer der Bootsform gefolgt. Auf den Laufdecks in der Mitte einen breiten Streifen, auf dem Vorschiff größere, gleichmäßige Bereiche mit abgerundeten Ecken. Auch das sieht echt toll aus und kein einziger Fuß ist je wieder über das Deck gerutscht.
Übrigens - da würde ich von International sicher eins auf den Deckel kriegen - behandle ich die Flächen nicht mal sonderlich vor. Um ehrlich zu sein schleife ich das nicht mal an, sondern mache nur sauber und lackiere das einfach auf den Lack. Es trocknet sehr schnell und hält wirklich super. Absolute Empfehlung.

## 80. Apropos rutschig

Viele Pinnen sind sehr glatt und glänzend. Manche haben auch einen weichen Überzug am Griff, der jedoch irgendwann mal abgenutzt ist. Ich mag weder das eine, also das Glatte, wenn es kalt und nass ist, weil ich die Pinne gern fest in der Hand habe. Und das andere, das Abgenutzte, mag ich schon gar nicht.

Mein Tipp: Griffband für Tennisschläger. Die lassen sich super exakt kleben und anpassen, gerade auch auf runden Pinnen, sind sehr griffig, kosten nicht viel und es gibt sie in allen möglichen Farben. Die sind genau dafür gemacht.

## 81. Fallenpürree

Wer geht schon gern den Mast hoch? Also ich hasse das! Zwei mal ist es mir in der Vergangenheit passiert, dass mir ein Fall nach oben durchgerauscht ist. Einmal, als wir auf der Etap in einem 10 Bft. Sturm im Kattegat unterwegs waren. Wir wollten gerade in den Hafen von Øer bei Ebeltoft einlaufen. Das Groß hatte ich geborgen, wir waren froh, als die zuvor defekte Maschine dann doch wieder lief und wir in Sicherheit waren. Denkste. Der Hafen liegt hinter einer Schleuse, deren Zufahrtkanal und somit der Hafen waren an diesem Tag wegen des Sturms geschlossen. Also weiter in die Bucht bis Ebeltoft. Da die Maschine irgendwas hatte, wollten wir also mit zweifach gerefften Groß segeln, also Segel wieder hoch. Und just in dem Moment, als ich den Schäkel des Großfalls am Kopfbrett befestigen wollte, kommt eine seitliche Welle, ich schleudere mit dem Kopf gegen den Mast und lasse das Fall los. Weg ist es. Dumme Situation, zum Glück hat man ja noch eine Fock. Wir schafften es damit nach Ebeltoft, wo uns der Hafenmeister mit den Worten am Steg begrüßte: “Nobody left the harbours today”. Na, danke für den Hinweis.

Das zweite Mal war lustiger. Und zwar auf einer Messe. Ich war mir in der Hekik des Aufbaus sicher, dass ich das Großfall schon am Kopfbrett angeschlagen hatte, aber das dem nicht so war, sah ich, als ich kräftig am Fall zog und es dann eben ohne Groß nach oben wanderte. Auf einem wackeligen Trailer in einer Messehalle den Mast hoch? So große Lust hatte ich nicht dazu. Musste ich aber gar nicht, weil mir jemand vom Nachbarstand einen echt super Tipp gab. Ich musste nur in den Supermarkt und einen Kartoffelstampfer kaufen. Und zwar nicht die Teile, in denen Löcher in eine Platte

gestanzt sind, sondern dieses ältere Modell aus dicken Drahtwindungen. Aber nix mit Püree in diesem Fall.
Den Stampfer einfach an ein anderes Fall mit Tape befestigen. Das lange Spifall ist perfekt dafür. Natürlich sollte man sicher gehen, dass man den Stampfer auf der richtigen Höhe des Falls anklebt, um es hinterher auch wieder runter ziehen zu können. Jedenfalls schickt man den Stampfer dann hoch zum frei hängenden Schäkel (etwas darüber) und dann braucht man nur etwas Fingerspitzengefühl und je nach Höhe gute Augen. Diesen Stampfer fädelt man dann in das ausgerauschte Fall ein, also so, dass das Fall zwischen den Drahtwindungen hängt. Und dann zieht man das Rettungsfall einfach vorsichtig runter uns schon hakt sich der Püreemacher in dem Schäkel ein. Der Stampfer bringt dann Fall und Schäkel von oben mit. Hat vielleicht fünf Minuten gedauert. Nur das Besorgen dieses Stampfers war etwas schwieriger, weil es die kaum noch gibt. Also, wenn Sie mal so einen Stampfer in Omas Küche sehen - mitnehmen!

## 82. Hohlkehle ziehen

Das große Refit meines Jollenkreuzers fand mitten im ersten Lockdown (ich vermeide das C-Wort, okay?) statt, als man nichts durfte und alle Läden geschlossen hatten.

Mein Deck war fertig, und das Holz vorne am Aufbau war auch ersetzt und eine Sperrholzplatte passgenau eingebaut und mit Epoxy lackiert. Die Kante allerdings, also dort, wo der Aufbau auf dem Deck landet, war nicht schön und zu eckig. Das war vorher auch schon so und dort sammelte sich an der Naht immer Wasser (und fand irgendwann auch einen Weg). Also wollte ich mit angedicktem Epoxydharz dort eine schöne Hohlkehle ziehen. Vor sauberen Hohlkehlen habe ich jedoch Respekt. Schon immer gehabt. Die verhunzt man ja schnell. Das kennt jeder, der hin und wieder mal Sika-Kanten klebt. Oder auch daheim das Waschbecken mit Silikon abdichtet. Da ich keine Mischbecher mehr hatte, fuhr ich in die Gastro-Metro, um dort welche zu kaufen. Und in der Abteilung sah ich dann zufällig was, was mein Leben seither sehr erleichtert, wenn ich Hohlkehlen ziehe. Einen Teigschaber aus Gummi. Die Teile, die man als Kind früher immer ablecken durfte, wenn zu Hause gebacken wurde.

Damit gehen diese Hohlkehlen echt super, weil das Gummi etwas nachgibt, sehr sauber zieht und kleine Unregelmäßigkeiten ausgleicht. Ein wenig Spülmittel vorher drauf schmieren schadet nichts.

Und weil es so schön biegsam ist, bekommt man hinterher das hart gewordene Harz auch wieder sauber runter, einfach etwas biegen und schon bricht das Harz und fällt ab.

## 83. Es gibt sie wieder! Kaffeezeit!

Die meistgestellte Frage, die ich über alle erdenklichen Kanäle bekommen habe, ist die nach meiner Kaffeemaschine. Ich hatte auf meinem früheren Blog ein paar Bilder und auch mal ein Video gepostet, wo dieses Teil zu sehen war. Auch wenn ich den Blog seit vier Jahren nicht mehr habe, bekomme ich noch immer ab und zu eine Mail. Leider musste ich allen Interessierten mitteilen, dass es diese wundervolle Espressomaschine mit Milchschäumer nicht mehr gibt. Aber - sie ist wieder da!

Sie heisst Bellman und ist das beste, was ich je an Espressomaschinen hatte. Man kann sie auf jeder Herdplatte verwenden und nach dem Espresso macht sie gleich auch noch Milchschaum dazu. In den Häfen ist das immer eine Schau, wenn ich auf meinen kleinen Boote sitze und entweder dem Nachbarn einen Cappuccino anbiete oder alle diese typische Michschaumgeräusch ("Chrooooshhhchhhhhchhhoochhhchhch") hören.
Und sie sieht auch noch echt toll aus, in Edelstahl mit der Druckanzeige.
Ich habe sie wieder gefunden. In England. Für 139 Pfund. Das erscheint zwar recht viel, diese Maschine ist aber jeden Penny wert. Für 99 Pfund gibt es sie ohne Druckanzeige, aber die sollte man auf jeden Fall nehmen. Im grünen Bereich macht sie Kaffee, im gelben Bereich Milchschaum.

https://brewtool.co.uk/products/bellman-coffee-maker

## 84. Kühlbox effektiv nutzen

Auf Kleinkreuzern stehen ja oft diese thermoelektrischen 12V-Kühlboxen rum. Ich selbst habe auch so eine. Kompressorboxen, eine tolle Ezetil, hatte ich zwar auch mal, aber die hatte damals nur in meinem VW-Bus Dienst. Fürs Boot war sie viel zu groß. Auch wenn sie sogar bei 30 Grad Außentemperatur noch bis minus acht Grad kühlte - sie passte einfach nicht in die Backkiste. Abgesehen davon sind diese Kompressoren sündhaft teuer.

Die üblichen Kühlboxen haben das Problem, dass sie immer nur eine bestimmte Gradzahl unter der Außentemperatur erreichen. Ist es also heiß, kühlen sie nur noch mäßig. Außerdem ziehen sie sehr viel Strom, so daß ich sie mit meinen Batterien nie tagsüber unter Segel laufen lassen konnte. Schon gar nicht, wenn ich ankern gehe.

Man kann sie aber sehr effektiv nutzen. Trick 1: Sobald man Landstrom am Boot hat, volle Kanüle kühlen lassen. Trick 2: Die Kühlboxen so voll wie möglich machen. Auch wenn bei einer langen Reise nur noch ein Stück Käse, eine Tüte Milch und ein halbes Stück Butter da sind - dann stopft man das Teil einfach mit Bierdosen voll. Oder - wenn auch das Bier ausgeht, einfach PET Flaschen mit Leitungswasser reinstellen. Und dann die Box die Nacht über im Hafen mit voller Leistung betreiben. Dann kühlt nämlich alles (nacht ist es ja kälter) schön aus und hält diese Kälte auch den ganzen Tag über, weil alles, was drin ist, wie ein Kältespeicher wirkt - vor allem Flüssigkeiten. Ist nur noch die Butter drin, schmilzt die bereits eine Stunde nach dem Ablegen, ganz sicher.

## 85. Wäsche waschen

Es soll ja Boote geben, auf denen sogar eine Waschmaschine eingebaut ist. Falls Sie ein solches Boot haben: Gratuliere! Dieses Kapitel ist nichts für Sie.

Falls nicht: Manchmal werden die Intervalle, um seine Wäsche im Hafen zu waschen, ja recht lang. Zum Beispiel in der Hauptsaison, wenn alle Maschinen immer belegt sind. Oder wenn mal ein paar Tage gar kein Hafen angelaufen wird, in dem es eine Waschmaschine gibt. Abends im Bottich Handwäsche machen? Lassen Sie das! Abends sitzt der Segler faul rum, grillt und trinkt Bier. Das hat Tradition und das soll auch so bleiben.

Was man wirklich braucht, um tagsüber auf See seine Wäsche zu waschen, ist denkbar wenig. 1. Ein Boot. 2. Seewasser (Süßwasser geht leider nicht) 3. eine lange Leine. 4. Ein Wäschenetz. Gepäcknetz geht auch.

Wenn man nicht gerade mit einer anderen Yacht eine kleine Privatregatta aussegelt und auf einen oder zwei Knoten (je nach Wäschemenge) Fahrt verzichten kann, geht das so: Leine gut an dem Netz anbändseln. Dreckige Wäsche ins Netz packen, Leine am Boot befestigen und alles einfach über Bord werfen und die Wäsche eine ganze Weile einfach hinterherziehen. Dann im Hafen die Wäsche mit klarem Wasser ordentlich ausspülen und zum Trocknen aufhängen. Ernsthaft: Die Wäsche ist blitzsauber, sogar hartnäckige Flecken sind weg und sie riecht auch noch sehr gut.

Vielleicht waschen Sie aber auch gar nicht. Kommt ja auch vor und ganz ehrlich - wenn Sie mal lange und dazu noch einhand unterwegs sind, wird das alles weniger wichtig. Ich habe mal in Kappeln nach einer längeren Reise angelegt. Und ich wusste, dass am Abend ein befreundetes Paar nach acht Wochen Segeln auch zurückkam und mich in Kappeln treffen wollte. Als sie ankamen, stand ich am Steg, nahm eine Leine an und sagte zu ihm (ich verrate seinen Namen natürlich nicht): “Du, ich hab nen Tisch im Landgang heute Abend für uns reserviert.” Er drehte sich zu seiner Frau, die das Anlegemanöver fuhr und im Cockpit mit den Achterleinen beschäftigt war um und sagte: “Oh toll. *****! Wir gehen ins Restaurant. Dann ziehe ich heute mal meine zweite Unterhose an.”

Das zum Thema Segler.

## 86. Trinkwasser

Wenn man mal so einen Wasserkanister hatte, weiß man, wie dreckig Wasser sein kann. Diese Kanister, oft mit Wasserhahn und transparent, sind ja oftmals nach einer Weile innen völlig angegilbt. Die Dinger kriegt man dann nur sehr schwer wieder sauber.
Außerdem sind diese Kanister sehr sperrig und kosten auch nicht gerade wenig.
Auch da lohnte sich für mich der Blick außerhalb des Yachtzubehör-Tellerrands. Packmaße sind im Outdoor-Bereich ja sehr wichtig, auch Gewicht. Und da bin ich fündig geworden. Es gibt ziemlich preiswerte Wassersäcke aus Plastik. Ich habe bei Amazon für vier je 5-Liter-Säcke für 12,99 Euro gekauft und bin damit sehr glücklich.
Übrigens habe ich auf unserer Reise nach London auch zwei dieser wirklich sehr klein zu verstauenden und sehr leichten Säcke mit auf die Reise genommen. Denn auch wenn die Etap einen 150 Liter Wassertank hat, traue ich mich nie, das Zeug so zu trinken. Also habe ich vor der Abreise einfach stilles Wasser aus PET Flaschen umgefüllt, weil diese Flaschen ja auch immer nerven, wenn sie leer sind und man im Ausland sein Pfand nicht zurück bekommt. Für die Reise hatte ich somit 10 Liter Wasser zum trinken mit dabei, keinen Müll und keine zu verstauenden Flaschen.
Wer sich diese Teile kaufen will: Ich hab die von Amazon, Hersteller heisst Besportble. Bekommt man aber auch im gut sortierten Campinghandel. Die sind auch transparent und blau gefärbt, da sieht das Wasser auch noch frisch aus.

## 87. Kleine Leckagen schließen

Auf Deck einer Segelyacht sind sehr viele Löcher, in denen Schrauben stecken. Da haben es die Mobo-Fahrer echt leichter. Da ist ja meistens nur ein kleiner Mast für den Fuchsschwanz oder sowas drauf. Bei unseren Segelyachten sieht das ganz anders aus. Und jedes Loch ist erst einmal ein potenzielles Leck.

Wasser sucht sich immer seinen Weg und ich kenne niemanden, der nicht schon mal hier und da im Regen oder bei viel über Deck kommendes Wasser plötzlich kleine Tröpfchen von der Decke des Innenraumes auf die Bodenbretter vorbeihuschen sieht. Dann heisst es: Rausfinden, wo das herkommt.

Bei meiner - wohlgemerkt - nagelneu gekauften Varianta war es der Mastfuß, der nicht richtig abgedichtet war. Hinterher kamen immer wieder durch die Dauerbelastung (ein Schiff arbeitet ja immer in sich und verwindet sich) andere kleine Lecks zum Vorschein, aber da hat mich das nicht mehr gestört. Denn da hatte ich schon den kriechenden Kapitän an Bord. Oft sind die Löcher, durch die sich das Wasser seinen Weg nach Innen sucht, winzig klein. Und dann kommt dieses Mittel zum Einsatz, von dem mich wundert, dass es so viele nicht kennen: Captain Tolley's Creeping Crack Cure heisst das Zeug. Es ist eine kleine Flasche mit einer milchigen und sehr flüchtigen Flüssigkeit. Damit verschliesst man solche Löcher und Lecks sehr gut. Es ist gleichzeitig ein Klebstoff, rinnt in die kleinsten Ritzen und versiegelt dann das Loch.

Aber Vorsicht im Innenraum. Wenn man an einer verdächtigen Stelle an Deck ein wenig von der Flüssigkeit füllt, kommt sie garantiert im Innenraum auch wieder raus. Dort sollte dann jemand mit einem Lappen stehen. Ich habe damit bisher immer alle kleinen

Lecks dicht bekommen. Manchmal sind die Wege des Wassers unergründlich. Wenn man also an einer Schraube oder Beschlag, unter dem das Wasser innen reintropft, das Zaubermittel füllt und es kommt unten nichts an, wird das Leck woanders sein.
Aber ich bin sicher, Sie kriegen das schon hin.

## 88. Ankerleine bzw. Kette markieren

Okay, das ist nicht wirklich ein Tipp, nur meine Abwandlung ist besser, allerdings schwieriger für männliche Singles (außer Lebemänner).

Um zu wissen, wie viel Kette bzw. Leine man beim Ankern gesteckt hat, gibt es ja diesen Trick, sich die Ankerleine oder Kette zu markieren. Immer wird gesagt, man solle farbiges Tape nehmen. Nur wer hat schon farbiges Tape? Und dann noch in verschiedenen Farben, um unterschiedlich zu markieren. Genau, niemand. dazu kommt, dass dieses Tape irgendwann ausbleicht und vergammelt. Aber - sollten Sie kein Single sein und eine Frau, Freundin, Affäre, Liebschaft oder heimlich die Frau des Nachbarn zu Gast haben, hat die sicher Nagellack mit. Und damit kann man super Markierungen machen. Nagellack ist wasserfest.

Übrigens markiere ich mir damit auch immer meine Wantenterminals, damit ich im Frühjahr weiß, welches wohin kommt. Mit Nagellackentferner geht das Zeug auch schnell wieder ab. Außerdem freut sich die Frau, wenn man im Drogeriemarkt sagt: "Schatz, ich spendiere Dir mal 10 Flaschen Nagellack."

## 89. Vorsicht bei Acrylglas

Als ich letztes Jahr stolz Bilder meiner neu aufgeklebten Acrylfenster auf dem frisch gerefitteten Boot postete, dauerte es nur wenige Minuten, bis ich einen Anruf bekam. Es war der Produktionsleiter einer Werft, der mich fragte, ob ich extrudiertes oder gegossenes Acryl gekauft habe und ehrlich gesagt hatte ich keine Ahnung. Der Hintergrund war der, dass man auf keinen Fall gegossenes Acryl kaufen soll. Die Werft hatte das mal eine Weile benutzt, weil die Schnittkanten sauberer werden. Und da man in der Werft die Scheiben selbst geschnitten hat, war die Verarbeitung besser. Das Dumme: Eine Weile später fielen diese Fenster oftmals einfach ab. Einfach so - von jetzt auf gleich. Woran das lag, hat der gute Mann dann rausgefunden, weil er mit dem Glas eine Reihe von Tests machte, unter anderem im heimischen Backofen. Gegossenes Acryl wird, wie der Name sagt, in Formen gegossen. Und in diese Formen kommen Trennmittel, weil man die Scheibe ja auch wieder rausholen will. Ein Teil dieser Trennmittel zieht jedoch ins Glas ein. Und nun kommts: Durch hohe Temperaturen tritt das Trennmittel dann später nach einer Zeit wieder aus. Und man ahnt, was kommt: Das austretende Trennmittel macht, was es soll, denn es trennt die Scheibe von der Verklebung. Und dann fällt sie raus. Hohe Temperaturen haben wir an Bord auf den Oberflächen ständig, wenn die Karren in der Sonne bruzzeln.

Wenn man also Acrylglas bestellt, sollte man drauf achten, extrudiertes Acryl zu kaufen. Da ich sowieso zu dünne Scheiben kaufen musste ( zu der Zeit gab es kein Acryl mehr, weil wegen diesem doofen Virus alle Läden Acrylglas bestellten), war mir das egal, denn ich wollte die Scheiben deshalb nur ein Jahr lang nutzen.
Übrigens haben sich meine Scheiben in dem Jahr sehr schnell an den Ecken gelöst, obwohl ich sehr penibel mit dem richtigen Primer

und Sabatack gearbeitet habe. Ich vermute also, ich hatte das falsche Acrylglas drauf, denn die Scheiben lösten sich nur auf der Seite, die in meinem Heimathafen zur Sonne gerichtet steht.

## 90. ADAC-Hafendatenbank

So unterschiedlich wie Boote sind auch ihre Crews. Jeder hat andere Wünsche, Vorlieben, Vorstellungen und Ansprüche. Der eine hat einen Hund, die anderen Kinder, der Nächste braucht Benzin, die nächsten empfangen Oma für eine Woche und der letzte braucht eine Apotheke. Und dann kommt noch der, dessen Motor rumzickt. Ach ja, und der mit dem Elektromotor und den massiven Lithium Batterien und seinem fetten Ladegerät, der mindestens 16A Stromanschluss benötigt.
Bei der Auswahl an Häfen, die angesteuert werden, machen diese verschiedenen Ansprüche oft die Entscheidungsfindung aus.
Viele Revierführer und Hafenhandbücher gehen davon aber nicht aus. Dann wird dort seitenweise über den Namen des Architekten, der das alte Rathaus erbaute oder die Höhe des Kirchturms geschrieben, dann folgt ein wenig Stadtgeschichte und überall steht dann immer, dass die Umgebung von der Eiszeit geprägt wurde. Dazu eine Infobox, in der "Strom und Wasser sind am Steg vorhanden" geschrieben steht. Leider reicht das oft nicht.

Ich selbst habe ja drei Revierführer geschrieben, in denen ich die Orte anhand von Geschichten skizziere, weil ich glaube, dass Geschichten sehr viel von dem rüberbringen, was man an manchen Orten erleben kann. Ich habe in den Büchern - allesamt Amazon-Bestseller - auch fast immer ganz bewusst auf die Angaben von Infrastrukturmerkmalen, Wassertiefen und anderen Details verzichtet. Weil man diese Infos sich besser aus immer aktuellen Seekarten, Naviprogrammen oder dem Internet holt. Ich habe auch keine Bilder in den Büchern. In den einschlägigen Revierführern sieht man meistens ein Foto, mit einem Teil des Hafens und dem hübschen Kirchturm drauf. Repräsentativ ist das nicht gerade. Ich glaube, dass das auch überholt ist, weil diese Bücher vergessen, dass es das Internet gibt. Oder es als böse, dunkle Konkurrenz ansieht.

Ich denke aber, dass die User - sprich: Segler - mittlerweile ganz anders ticken. Interessiert man sich in einem Buch für einen Hafen, sagen wir mal Dyreborg, dann googelt man danach und bekommt mehr Bilder ausgespuckt, als ein Hafenführer jemals zeigen kann. Deshalb kosten Bilder in den Büchern den Lesern nur Geld, weil die Druckkosten steigen und der Infogehalt sinkt. So richtig viel Mehrwert haben sie nicht. Der Verlag indes spart sich das aufwändige Lektorat bei Bildern, getreu einem Verlagsmotto: "Ein Bild ist eine schnell gedruckte Seite."

Und da bin ich beim Internet: Wenn sich die oben genannten, unterschiedlichen Personen sich über bestimmte Anforderungen wie eine in der Nähe befindliche Apotheke, Bootstankstelle, Ampere-Absicherung, Bahnhof für die Ankunft der Oma etc. informieren wollen, dann machen sie das im Internet. Weil das auch aktueller ist. Ich bin seit geraumer Zeit für den ADAC tätig, schreibe Beiträge, Ratgeber und Revierberichte für das Skipperportal (www.skipper.adac.de) und - nun komme ich zum Punkt - arbeite auch als sogenannter "Hafeninspekteur". Denn auf dieser Seite befindet sich auch die größte Hafendatenbank, die kostenlos genutzt werden kann und vor Ort von Menschen gepflegt wird. Mit einem Tablet und einem Erfassungstool bewaffnet fahren zahlreiche dieser Inspekteure weltweit Häfen an, fragen Boxenmaße ab, tragen alles zur Infrastruktur ein, sammeln alle erdenklichen Infos und pflegen damit live und vor Ort diese Datenbank.

Nach der Eingabe dieser Daten wird dann für jeden Hafen eine Steuerrad-Klassifizierung vorgenommen und alles auf Basis von Navionics Karten auf der Website zur Verfügung gestellt. Über 3.300 Häfen sind dort abgebildet.

Dieses Tool gebe ich nicht als Tipp weiter, weil ich dafür arbeite. Ich mache das, weil es noch immer viele Segler gibt, die denken, der ADAC sei nur was für Motorbootfahrer. Dem ist überhaupt nicht so. Ich habe meine beiden Boote dort registriert und den Internationalen Bootsschein geholt.

## 91. Umsonstfilme

Ich werde noch heute, fast 20 Jahre nach Erscheinen der ersten DVDs, den Revierführer-DVDs, gefragt, ob es die Filme noch gibt. Ja, es gibt sie. Auf der Seite segel-filme.de kann man sich sie umsonst anschauen.

Ich habe hier aber noch so etwa 40-50 DVDs als Altbestand rumfliegen. Und da Sie es bereits bis hierher in diesem Buch geschafft haben, zeige ich mich dankbar und verschenke diese DVDs hiermit.

Einfach eine Mail an mail@bodensbücher.com schicken mit dem Betreff: "DVD für umme" , Adresse mitsenden und dann schicke ich je eine DVD - so lange der Vorrat reicht, portofrei raus. Aber nicht böse sein, wenn dieses Buch sehr oft gelesen wird und die DVDs bereits vergriffen sind.

## 92. Segeln mit Kindern, Hunden und Neulingen

Ich habe bereits zwei Hundebücher geschrieben. Eines davon über das Segeln mit Hund. Nun habe ich auch ein Kind, kann also auch dabei mitreden. Und Neulinge an Bord hatte ich auch oft mit.

Es ist immer das Gleiche: Will man Menschen oder Hunden davon überzeugen, dass Segeln - und das ist ja nun mal so - die schönste Freizeitbeschäftigung der Welt ist, dann muss man das mit Gemach angehen. Mit kleinen Kindern, Hunden und Neulingen ist es immer so, dass Ihnen am Anfang eher das Rahmenprogramm gefällt. Also das Ankommen, der Landgang, das Entdecken neuer Orte, Inseln und Plätze. Beim Segeln selbst haben sie oftmals ein wenig zu viel Respekt, wenn nicht Angst. Mit Meilenfressen und Durchknüppeln am 6 Bft. Wind - sei es für einen Segler auch noch so toll - erreicht man, dass die meistens schnell die Nase voll haben.
Soll heißen: Nie übertreiben. Kurze Schläge machen zu besonders schönen Orten. Von Marstal bis Ærøskøbing sind es nur zwei bis drei Stunden, wenn überhaupt. Aber beide Städte sind wunderbar und die Mitsegler werden das lieben. Wenn denen der Schlag dann zu kurz ist, hat man schon gewonnen. dann kann man steigern. Färt man aber von Marstal bis Middelfart, bricht um 6 Uhr auf und kommt um 17 Uhr an, dann haben viele keinen Bock mehr.

Daher: Kurze und schöne Schläge machen Lust auf mehr. Lange, ruppige Lust auf weniger. Das Rahmenprogramm muss stimmen.Dann kommt die Lust aufs Segeln hinterher.

## 93. Fender in der Backskiste

Fender in der Backskiste gehören zu den nervigsten Dingen an Bord. Zum einen fliegen sie dann dort unkontrolliert herum, zum anderen vertüdeln sich dann die Fenderleinen. Kurz vorm Hafen dann hat man das Generve, sie wieder rausziehen zu müssen. Das geht einfacher.
Bei IKEA oder auch in anderen Möbel-oder Küchenhäusern, gibt es diese Metallbügel aus Edelstahl, die man in die Küche oder den Küchenschrank schrauben kann, um daran die Küchenutensilien wie Schöpflöffel, Kartoffelstampfer (da isser wieder!) oder Pfannenwender aufzuhängen. Diese Stangen lassen sich hervorragend auch in die Backskiste schrauben, und dort kann man dann die Fender mit dem gewohnten Webleinenstek anbinden und ordentlich verstauen.
Diese Küchenbügel passen hervorragend auf Boote, wahrscheinlich nennt man sie deshalb auch "Küchenreling".

## 94. Diebstahlsicherung für alles

Diebe haben alle eines gemeinsam: sie möchten nicht bemerkt werden.
Bei meinem Liegeplatz, nur wenige hundert Meter von unserer Wohnung entfernt, also in der Innenstadt, treffen sich im Sommer oft Jugendliche. Sie bleiben dort oft sehr lange und manche trinken auch ziemlich viel.
Nun ist bei einem Nachbarboot bereits eingebrochen worden. Dort aber wurde nur die Angeln gestohlen, alles wertvolle Zeug an Bord gelassen. Man geht also davon aus, dass es Jugendliche waren.
Gegenüber wohnt jemand, der Abends immer am Wasser sitzt und auf die Havel guckt. Er hatte bereits schon mal ein paar Jungs und Mädels verscheucht, die tagsüber auf meinem Vorschiff saßen. Ich weiß, dass sie danach auch in der Nacht dort saßen - nur sah sie dann niemand.
Ich habe dann für den Außenbereich Solarlampen mit Bewegungsmelder gekauft. Die gibt es in vielen Ausführungen. Ich habe solche genommen, die drei LED Strahler beinhalten und einen 180 Grad Bereich ausleuchten. Davon gleich zwei zu je 23 Euro. Und die hänge ich nun an den Mast, wenn ich nicht an Bord bin. Sobald sich jemand aufs Vorschiff begibt, beginnen die Dinger an zu leuchten. Und die zweite Lampe habe ich nach achtern ausgerichtet, um eventuell Diebe zu verunsichern, die sich von hinten mit einem Boot annähern und über das Heck aufs Boot wollen.
Ich bin mir ziemlich sicher, dass diese Festbeleuchtung Diebe abschrecken dürfte.

## 95. Poppi

Poppi. Der Name ist eine Erfindung meines Segelmachers Sven. Als ich die Varianta hatte, habe ich mich immer an dem riesigen Lukendeckel, den man beim Segeln abnehmen musste, gestört. Außerdem am Steckschott. Also wollte ich eine Persenning von ihm für den Niedergang. Um damit Schott und Deckel zu ersetzen. Als ich ihm sagte, was ich will, behauptete er nur, das "ich doch nur nicht will, dass mir die Leute beim poppen zusehen, wenn ich das Schott nicht drin habe." So bekam diese Persenning ihren Namen weg: Poppi.

Seit ich mit diesem Ding drei Jahre rumgefahren bin, will ich nur noch Boote mit Poppis haben. Für meinen Jollenkreuzer habe ich sechs unterteilte Bretter als Steckschotten. Ist das Boot zu, weil es nachts vielleicht mal regnet und ich muss pinkeln, ist das immer solch ein Akt, diese Bretter wegzunehmen. Daher kommt auch dort wieder eine Persenning dran. In diesem - und in den meisten Fällen - ist das viel einfacher, weil es ja ein Schiebeluk gibt. Das ist im Prinzip also nur eine Bahn Stoff, zugeschnitten wie der Niedergangsausschnitt ist, plus je etwa 6-10 cm Überlappung. Dann vier oder sechs Tenax-Knöpfe dran, einen Reißverschluss einfügen, um es teilweise öffnen zu können und an die Tenax-Knöpfe zu kommen, wenn man im Boot ist, ggf noch ein Sichtfenster rein - fertig.

Das Steckschott bleibt während der Törns immer in der Backkiste - oft wochenlang. Ich will diese sperrigen Dinger nicht. So eine Persenning-Tür ist wundervoll!

## 96. Besser als jede Pütz

Pützen nerven! Man kann sie so schlecht verstauen, hübsch sind sie auch nicht gerade und unhandlich sowieso.

Dennoch braucht man sowas natürlich, also etwas, mit dem man an Bord Wasser transportiert und mal das Cockpit durchspült. Ich nehme mittlerweile dafür Dry-Bags. Also diese Taschen, die eigentlich den Umgekehrten Zweck erfüllen sollen und innen trocken bleiben müssen. Nur, was außen wasserdicht ist, ist auch innen dicht. Daher kann man diese Taschen wirklich prima als gut zu verstauenden, gut zu tragenden und haltbaren Pütz-Ersatz benutzen. Umgekehrte Nutzung könnte man das nennen. Außerdem lassen sich dort herrlich Leinen anbinden, weil meistens Tragegriffe vorhanden sind. Und wunderbar: Es gibt diese Taschen in verschiedenen Größen und mit diversem Fassungsvermögen, je nach Bedarf. Und wenn man sie nicht als Pütz braucht, kann man damit Sachen transportieren.

Tipp: Eher die sperrigen Dry-Bags aus steifem, PVC-beschichteten Material besorgen. Damit holt sich besser das Wasser aus der See an Bord. Und sie trocknen innen sehr schnell.

## 97. Ankerball

Ja, ich gestehe - ich bin ein Ankerballsetzer. Ich finde diese Dinger sehr sinnvoll. Das einzige, was mich am Ankerball stört, ist das Verstauen. In der Backkiste landet er irgendwo in den Tiefen und die Leinen verheddern sich. Im Schiff unter der Sitzbank - wenn man sie braucht, liegt die Sitzbank mal wieder voller Zeug.
Was ich nie verstanden habe - warum verstaut man den Ankerball nicht dort, wo man ihn auch wirklich braucht? Und zwar im Ankerkasten. Dort unter den Kastendeckel einfach einen Tapestreifen Klettband kleben, den anderen Streifen Klett an den flach gepackten Ankerball, drunter kletten - fertig. Easy.

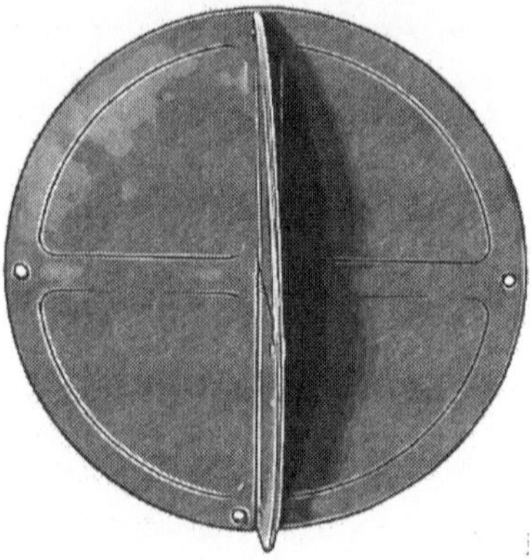

## 98. Mousepads

Auf ihrem Boot befindet sich nur ein Mousepad? Und das noch in der Navi-Ecke, um darauf mit der PC-Mouse herumzufahren? Das geht besser.
Auf ein Boot gehören immer mehrere Mousepads. Denn die haben einen sehr großen Nutzen.
Meine immer klappernde und rutschende Plastik-Kühlbox habe ich mit einem Gaming-Oversize Mousepad gegen Klappern und Rutschen gesichert. Ein zweites Gaming-Oversized-Mousepad lag im Sommer bei mir immer auf dem Lukendeckel. Damit nicht so viel Sonne ins Boot kommt und man auch ohne auszurutschen über den Lukendeckel gehen konnte. Diese Dinger sind nämlich sehr rutschfest.
Muss man mal wieder auf den Knien auf dem Boot rumhängen, weil man was reparieren muss, dann nehme ich Mousepads zum draufknien.
Kommt der heiße Topf Nudeln ins Cockpit, entweder auf den Tisch oder - Stichwort Kleinkreuzer - auf die GFK-Sitzbank, liegt dort schon ein Mousepad bereit. (Vorsicht jedoch bei billigen Plastikpads - die schmilzen!)

Das Schöne daran: Man muss die Dinger nicht mal kaufen, also die Oversized schon, aber normale nicht. Auf Messen zum Beispiel gibt es sie häufig als Werbegeschenke.

## 99. Starkwindtage entspannt erleben.

In der Regel steuern Segler die großen Marinas und Städte an, wenn der Wetterbericht für die nächsten Tage Starkwind und Regen voraussagt. Der Grund liegt nahe: In den Städten ist die Versorgung und das Freizeitangebot besser, wie zum Beispiel Museen. Ich mache das aus Erfahrung genau anders. Ich fahre dann die kleinen Häfen und Inseln an, um mich dort vorm Wetter ein paar Tage zu schützen. Denn weil die Idee mit den Städten ja alle haben, wird es dann oft recht voll und schon liegt man im Päckchen. Bei 7 Bft und Platzregen wird der Ganz ins Sanitärhaus dann wenig entspannt, wenn man erst über drei andere Vorschiffe klettern muss, um dann festzustellen, dass das Sanitärhaus einer Legebatterie gleicht, weil alle halt gerade dort sind.
Meistens suche ich mir, wenn ich in der Dänischen Südsee bin, einen kleinen Hafen oder eine kleine Insel mit Fährhafen. Mit einer Fähre zum Einkauf in die Stadt zu fahren, macht nämlich großen Spaß. Und von den kleinen Häfen fahren meistens auch Busse, mit denen man dann Städte mit Versorgung erreicht. Dazu ist das Liegegeld meistens wesentlich günstiger, man hat seine Ruhe und kann sich einen gut geschützten, schönen Liegeplatz aussuchen. Probieren Sie das mal.

## 100. Meine Bücher

Danke, dass Sie dieses Buch gelesen haben. Sollte es Ihnen sogar noch gefallen haben: Ich habe noch mehr davon.

Alle meine Bücher gibt es bei Amazon, in meinem Webshop mit persönlicher Widmung (www.bodensbuecher.com/buchshop), bei Hansenautic oder auch in einigen Buchhandlungen.

Sollten Sie eine Lieblingsbuchhandlung haben, kann auch diese meine Bücher beziehen. Entweder bei mir (Mail genügt) oder über den NV Verlag in Eckernförde.

Und nun zu den Büchern:

Der Amazon Bestseller.

Das vielleicht beliebteste Buch über dieses Revier.

Taschenbuch: 125 Seiten

Preis: 15,90 Euro

Der einzige Revierführer nur über die Schlei. Mit wirklich allen Häfen, Stegen und Anlegemöglichkeiten, sowie tollen Ankerplätzen. Und einem Mettbrötchengutschein in Kappeln.

Taschenbuch: 151 Seiten

Preis: 15,90 Euro

Alle meine Lieblingsplätze in einem echt dicken Buch. Und in vielen Häfen gibt es mit diesem Buch auch was Feines. Wer alle Häfen absegelt, bekommt ein Perlensegler-Zertifikat von mir.

Taschenbuch: 273 Seiten

Preis: 15,90 Euro

“Und plötzlich hängst Du am Haken der DGzRS.”

Eine meiner wirklich ungewöhnlichsten Seereisen. Und die schönste Ankunft.

Taschenbuch: 166 Seiten

Preis: 15,90 Euro

Das lustige Logbuch.
Für alle, die immer eine handbreit Spaß in der Bilge suchen. Das Logbuch für Wurstwagenüberholer, Anlegegötter, Stegbiertrinker und Spaßsegler.

Preis: 9,90 Euro

**Danke!**

Danke für den Kauf dieses Buches. Ich habe früher mal Werbung gemacht. Das war stets gut bezahlt, machte mich jedoch unglücklich, denn ich empfand meine Arbeit als sinnlos. Niemand freut sich über Werbung, außer Agenturen und Kunden. So dachte ich immer, ich verdiene Geld mit Dingen, die niemand mag.
Das mit den Büchern macht mich wesentlich glücklicher, auch wenn man weniger verdient. Und ich weiß es ehrlich zu schätzen, dass Menschen - in diesem Falle - von sich aus freiwillig 12,90 Euro ausgeben, das Buch lesen und daran auch noch Freude haben.
Also, ernsthaft: Danke fürs Lesen. Wir sehen uns auf dem Wasser.

# INHALT

Bordtablet verpacken
Halterungen für Tablets
Halterungen für Smartphones
Flexible Halter-Arme
Überraschungszeisinge
Folieren statt lackieren, Teil 1
Folieren statt lackieren, Teil 2
Folieren statt lackieren, Teil 3
Folieren statt lackieren, Teil 4
Einhand pinkeln
Der beste Diebstahlschutz für Außenborder
Der Transporter für Außenbordmotoren
Backskistenschloss
Sauberes Deck, auch ohne Schlauch
Navi-App meiner Wahl
Ordnung in den Schapps
Nachtlicht
Campingzubehör
Ölzeug
Hafenaufkleber
Propellerschutz
Zusätzlicher Stauraum für Kleinteile
Gaffa Tape, Kabelbinder und……..
Refitverbesserer
Discounter-Epoxy
Leine werfen
Affenfaustpalstekleine
Farbenspiele mit Antifouling
Bord-PC
Mein Lieblingssegel
Fallentaschen ohne Fallen

Saubere Löcher
Nie mehr die anderen beim  Klogang wecken
Stabiler liegen am Ankerplatz
Mastnut reinigen
Size does matter
Ersatzteil-Produzent werden
Apropos Segelmacher... Der Masttrimm
Rumpfhaltegriff
Destilliertes Wasser aus der Natur
Kleberesten den Ofen ausmachen
Sauer macht lustig und sauber
Da ich ja gerade über Farbreste schrieb
Mal wieder ein Manövertipp
Matratzenbelüftung
Halsen bei viel Wind
Mit Planen planen
Durchgenudelte Schrauben
Mittel gegen Kopfschmerzen
Kollisionsverhütungsregel Nr.1: Nicht kollidieren!
Nie mehr ausrutschen
Apropos rutschig
Fallenpürree
Hohlkehle ziehen
Es gibt sie wieder! Kaffeezeit!
Kühlbox effektiv nutzen
Wäsche waschen
Trinkwasser
Kleine Leckagen schließen
Ankerleine bzw. Kette markieren
Vorsicht bei Acrylglas
ADAC-Hafendatenbank

Umsonstfilme
Segeln mit Kindern, Hunden und Neulingen
Fender in der Backskiste
Diebstahlsicherung für alles
Poppi
Besser als jede Pütz
Ankerball
Mousepads
Starkwindtage entspannt erleben.
Meine Bücher

Printed in Poland
by Amazon Fulfillment
Poland Sp. z o.o., Wrocław

71130822R00085